Encore Cuisine

Máirín Uí Chomáin

Radio Telefís Éireann
Bord na Gaeilge
Attic Press

Dublin

First Published in 1994 by
Attic Press
4 Upper Mount Street
Dublin 2

in association with Radio Telefís Éireann
and Bord na Gaeilge.

A catalogue record for this book is available from the British Library.

ISBN 1-85594-076-0

Cover Design: Syd Bluett
Cover Photo: RTÉ
Origination: Bord na Gaeilge
Printing: The Guernsey Press Co Ltd.

Dedication/*Tíolacadh*

To Patrick – husband and friend
with love.

Do Phádraic – céile, agus cara
le grá.

Acknowledgements

In this second book of the *Cuisine le Máirín* series I am so delighted to dwell further on our native dishes and indeed on our own Irish produce. I am also pleased that you can take the opportunity to brush up on your Irish while enjoying bacon, cabbage and ceaile. These, like the language, are so much part of our culture and heritage. Once more the TV series accompanying this book is produced by the Irish Programmes Department in RTÉ. My sincere thanks to Cathal Goan, Head of the Department, and to Anne Marie Kerney my Producer and her wonderful team. Not forgetting Michael Croke who markets the book.

The TV programmes could not be produced without supporting expertise. I had only the best in Elizabeth O'Connor Deegan and Marian Nugent. My deepest gratitude to both.

As with the previous series, Bord na Gaeilge staff were most accommodating, especially Deirdre Davitt who gave most generously of her time and advice. A particular word of appreciation is due to Cristina Ní Chualáin who patiently and professionally typed successive drafts of my script.

The final format and presentation of this book owes much to the technical skills and vision of Attic Press.

Very warm thanks are due to my husband and children, who, I am happy to say were able to take care of themselves while I was engrossed in my project. A final word of gratitude must go to my many friends who showed interest and provided inspiration along the way.

Míle buíochas dóibh go léir.

Máirín Uí Chomáin

4

Contents

Clár

Aperitif

We have many proverbs in Irish about food and eating but curiously no phrase equivalent to 'bon appétit'. Máirín Uí Chomáin's hugely appetizing TV programme 'Cuisine le Máirín' reminds me of one seasoned old proverb, 'blais é agus tiocfaidh dúil agat ann' (taste it and then you will desire it). All I ever need to whet my appetite for Máirín's dishes is to glance at them, such are their whole-someness and visual attraction.

But maybe the gentle persuasion of Máirín's personality has something to do with this. Many people with hardly any Irish at all have told me they watch her programme religiously and can follow large chunks of it without reverting to the English subtitles.

Máirín Uí Chomáin is a unique cook. Her delicate craft simmers subtly somewhere between the open hearths of the Connemara tradition and the most cosmospolitan of today's *cuisine*, just the right blend between the tried and tested of the old and the adventure of the new. Try the Angler Baked in Cheese Sauce and you'll see what I mean.

Great credit is due to Máirín Uí Chomáin for this most attractive companion in book form to her enticing television programmes, so expertly produced by Neasa Ní Chinnéide and lately by Anne Marie Kerney.

And 'Bon Appétit'.

Deirdre Davitt

Starters and Snacks

Clarenbridge Oysters Au Naturel ――――

Ingredients
2 dozen oysters
1 lemon cut in wedges
Sliced brown bread and butter

Method:
Scrub oysters well and rinse in cold water. Hold oyster firmly with a clean cloth, flat side up, and with an oyster knife inserted firmly into the hinge, cut the oyster free from the top shell, then twist the knife sharply to prise the shell apart and discard the flat shells. Clean gently around the edges to remove any broken shell splinters. Loosen oysters, making sure not to spill juices and turn oyster over in juice.

Arrange shells on a bed of crushed ice or a bed of sea-weed and wedges of lemon. Serve with brown bread and butter.

Our own Irish stout goes well with this delicacy.

Cucumber Cups with Prawns ――――

Ingredients
225g/8 ozs. peeled cooked prawns
1 large plump cucumber
45-60ml/3-4 tblsps. natural yogurt or mayonnaise
1 tomato deseeded and chopped
5ml/1 teasp tomato purée
Salt and pepper and paprika
Little chopped mint

Method:

Top and tail cleaned cucumber and cut into barrel-sized pieces or little cups. Hollow out most of the centre to form into cup shapes. Mix yogurt or mayonnaise, tomato purée, mint and seasonings and prawns, reserving a few prawns for the tops and fill cups with mixture. Garnish with whole prawns and sprinkle paprika on top. Chill and serve with fine fingers of toast.

Potato Blinis with Salmon ────────

Ingredients

1-2 large raw potatoes	Pinch salt
25g/1 oz. flour	Oil to fry
1 egg	

Filling

60ml/4 tblsps. sour cream
110g/4 ozs. chopped smoked salmon

Method:

Liquidise potatoes with egg, flour and salt. Fry in spoonfuls in hot oil on a heavy pan. Serve with a spoonful of sour cream and strips of smoked salmon.

Note: Good as a starter or snack. Some mushrooms may be added for extra flavour.

Stuffed Eggs

Ingredients

4-6 eggs, hard boiled
15ml/1 tblsp. mayonnaise
15ml/1 tblsp. cream
Pinch curry powder – optional
Pinch salt and pepper

1 slice smoked salmon
1 small tin prawns
3 cherry tomatoes
Parsley/chives

Method:

Remove shells and cut eggs in two lengthwise. Lift out the yolks carefully and place in a bowl with mayonnaise, cream, curry powder, pepper and salt and blend until smooth. Spoon this into a piping bag with a star nozzle. Fill each egg-white with mixture and garnish with strips of salmon, prawns, cherry tomatoes, parsley or chives. Also crispy bacon can be used or add mashed sardines in with the egg yolks. Serve on a polished platter with lettuce or serve on circles of toast.

Scrambled Egg with Smoked Salmon

Ingredients

2-4 eggs – beaten
15-30ml/1-2 tblsps. milk
50g/2 ozs. butter

Salt and pepper
15ml/1 tblsp. cream – optional

Method:

Put the milk, butter, salt and pepper in a nonstick saucepan, bring to the boil and then pour in the beaten egg and mix well until mixture is creamy. Don't have the heat too high or the eggs will get tough. Take off the heat before fully cooked, keep mixing as the heat from saucepan is enough to finish cooking and add in a little cream if wished. Garnish with strips of smoked salmon and parsley.

Note: Other garnishes to be folded into eggs at the end.
Mushrooms sliced and cooked
Chopped cooked ham
Prawns or shrimps
Strips of crispy bacon
Chopped tomato.

Fish Cakes

Ingredients
225g/8 ozs. cooked flaked fish   Pinch salt
225g/8 ozs. cooked mashed potatoes   Oil to fry
50g/2 ozs. flour
1 egg – beaten – optional
15ml/1 tblsp. melted butter

Method:
Mix the fish, potatoes, flour, (egg if wished) melted butter and salt together in a bowl. Turn out on a floured board. Divide the mixture into 3 or 4 pieces, shape into circles, crimp the edges and cut each circle into triangles. Fry in a hot frying pan until golden on both sides. Eat while hot.

Potato and Salmon Cakes

Ingredients
Large par-boiled potato – grated
110g/4 ozs. cooked flaked salmon

Pepper and salt
Oil for frying

Method:
Mix potato, salmon, pepper and salt. Pat gently between palms of hands and fry until golden on both sides in hot oil in frying pan. Serve garnished with tomato wedges and parsley.

Potato, Ham and Cheese Burgers

Ingredients
225g/8 ozs. cooked mashed potatoes
110g/4 ozs. self-raising flour
25g/1 oz. finely chopped onion
50g/2 ozs. chopped ham
50g/2 ozs. grated cheddar cheese
1 egg beaten
Salt and pepper

Method:
Make potato cakes with mashed potato flour, onion, pepper and salt. Roll and shape into 8 rounds. Place some ham and cheese on top of 4 rounds, dampen edges with beaten egg and cover with other potato rounds. Seal edges, brush with beaten egg, lift onto a greased baking tray carefully and bake in a medium hot oven for about 30 minutes until nice and golden, or fry until golden on both sides in a heavy frypan.

Note: Can be made well in advance and left covered in the fridge.

Quick Flat Savoury Bread

Ingredients
225g/8 ozs. self-raising white flour
45ml/3 tblsps. olive or sunflower oil
15-30ml/1-2 tblsps. finely grated onion
Pinch salt and herbs if you wish
75ml/$^1/_8$ pint milk – sweet or sour

Method:
Put the flour, salt, herbs and onion into a bowl and mix well. Mix in 30ml/2 tblsps. olive or sunflower oil and enough milk to make a stiff dough. Turn out on a floured board, cut into two or three pieces, knead each piece separately and flatten well. Dimple the surface, place on a greased baking tray and brush with olive oil. Bake in a preheated oven 180ºC/350ºF/ Gas 4 for about 15 minutes. Serve hot cut in wedges. Brush once more with oil before serving.

Note: Vary your flavouring to give you special breads. Use 15-30ml/1-2 tblsps. chopped parsley instead of onion for parsley bread and a sprinkling of grated cheese on top for cheesy bread or use sage/basil or whatever you fancy. I gave you the onion bread as I like it very much and every household has onions to hand. Also make individual little breads, bake for 5-8 minutes and use as a base for mini pizzas.

Mini Pizzas

Use one quantity of flat savoury bread mix and shape into tiny circles and bake off in the oven. Then cover each one with tomato paste, finishing with a topping of your choice, for example:
Sliced tomatoes and salami
Smoked salmon
Chopped ham and pineapple
Chopped peppers and onions or mushrooms

and then top all that with grated cheese and grill until nice and golden. The bases can be made in advance and assembled just before you need them. Good for brunch or snacks.

Ham and Salmon Pinwheels —————

Ingredients
8 slices very fresh brown sliced loaf
8 slices very fresh white sliced loaf
8 slices smoked salmon
8 slices ham
75g/3 ozs. soft butter
Freshly ground black pepper
Lemon juice
5ml/1 teasp. made mustard

Method:
Cut crusts off the bread and flatten very thinly with rolling pin. Butter carefully and cover some slices with salmon and some slices with ham. Sprinkle lemon juice and black pepper over salmon and rub a little mustard over ham. Carefully roll each slice like a swiss roll, wrap in clingfilm or tinfoil and refrigerate until nice and firm. Unwrap and cut in thin slices to resemble pinwheels.

Note: These make attractive cocktail and party nibbles or afternoon tea sandwiches.

Afternoon Tea

The idea of afternoon tea conjures up different visions of silver trays and teapots, tables decked on the lawn and butterflies hovering overhead, or of little nest of tables by an open fire on a wintry afternoon, or indeed my own childhood memories of bringing tea to the bog at turf-cutting time or to the fields at haymaking time. We all have our memories to cling to and even if my bog or field tea consisted of big hunks of curranty cake with lots of home-made butter and a can filled with milky tea, I can also appreciate our delicate cucumber or watercress sandwiches, strawberry shortcake, hot buttered scones with jams and cream. I could go on, but like all the best of one's life experiences afternoon tea means different things to people.

I am going to give you some of my favourite ideas, and then you can have your best friend around for your version of afternoon tea. I like to make pinwheel sandwiches for example, for they can look so dainty. Besides, you don't have to eat too much to sample the different fillings. This is surely one food item where a little goes a long way. Also in my TV series I'll show you how to make a quick sponge and the different ways you can present it without much trouble to serve with your afternoon tea.

Tea is the most widely consumed beverage in the world. It was discovered by the Chinese about 2750 B.C. and was originally used to fend off drowsiness. Tea did not arrive in Europe until about the 1600 A.D. with the Portuguese traders and it took another fifty years before it reached Ireland. Adding milk to tea started in

England and Ireland, first of all to protect the fine China cups from getting cracked by the hot tea. Even today some people prefer to pour the milk into the cups first. Now more people drink milk in their tea than drink it black or with lemon. Iced tea never caught on here but then perhaps it's because of our cool climate. However, iced tea is very popular in USA and a very nice drink it is.

Bacon, Lettuce and Tomato Sandwiches ──────────────

Ingredients
2-4 slices of toast per serving
Grilled bacon slices
Lettuce leaves washed and dried
2-4 large tomatoes slices
15-30ml/1-2 tblsps. mayonnaise

Method:
Butter toast and spread with some mayonnaise. Layer with lettuce, crisp bacon, tomato slices and more lettuce. Cut into triangles and secure with cocktail sticks.

Note: A quick, tasty snack for lunch or supper. I got to taste this sandwich first in the U.S.A. and it's one of my favourite snacks. The Americans call it B.L.T.

Baked Creamy Tomatoes

Ingredients
4-6 large tomatoes
Pinch salt, pepper and sugar
150ml/¹/₄ pint cream
25g/1 oz. grated cheese

25g/1 oz. breadcrumbs
25g/1 oz. butter
15-20 basil leaves shredded

Method:
Grease a pie dish, slice the tomatoes and layer in the dish, sprinkling with basil. Mix the seasonings in with the cream and pour over the tomatoes. Sprinkle a mixture of crumbs and grated cheese over the top and dot with little knobs of butter. Bake in a preheated 180°C/350°F/Gas 4 oven for about 30 minutes.

Ham, Cheese and Pineapple Open Sandwich

Ingredients
4 slices of brown or white loaf
4 slices of ham
4 slices of cheese
4 rings of pineapple
15ml/1 tblsp. coarse-cut marmalade optional

Method:
Toast the slices of bread. Butter and place ham first, then pineapple and then sliced cheese on the toast and grill until sizzling and golden.

P.S: Try a little coarse-cut marmalade on top of cheese before grilling if you have a very sweet tooth.

Note: A very tasty brunch idea.

Savoury Ham Rolls _____

Ingredients
4 large slices of ham
50g/2 ozs. white shredded cabbage
50g/2 ozs. grated cheddar cheese
25g/1 oz. grated onion
50g/2 ozs. grated carrot
15-30ml/1-2 tblsps. mayonnaise
Freshly ground black pepper
Shredded lettuce
Cherry tomatoes
Garnish of lemon wedges and parsley

Method:
Mix cabbage, cheese, onion, carrot and pepper and bind with mayonnaise. Spread over ham slices, roll up loosely and place on a bed of shredded lettuce on a platter, garnish with tomatoes and lemon and parsley.

Cucumber and Watercress Sandwiches _____

Ingredients
6 slices thin white or brown sliced bread
25-50g/1-2 ozs. softened butter
25-50g/1-2 ozs. watercress, cleaned and chopped
Freshly ground pepper
$1/_2$ cucumber peeled and thinly sliced
$1/_4$ teasp. salt

Method:
Put sliced cucumber in wide dish and sprinkle with salt. Cover and refrigerate for at least 30 minutes as the salt

draws out excess moisture to make cucumber crisp. Mix pepper with butter and when soft spread on bread slices and sprinkle chopped cress over butter on three slices of buttered bread. Drain cucumber, pat dry and arrange on bread over the cress and cover with remaining slices of buttered bread. Press firmly together, and carefully remove the crusts, then cut into triangles. Arrange neatly on serving plate and garnish with extra slices of cucumber or bunch of watercress.

Quick Mayonnaise ─────────────────

Ingredients
2 egg yolks
10ml/2 teasp. lemon juice
250ml/8 fluid ozs. olive oil or sunflower oil
2.5ml/$^1/_2$ teasp. dry mustard
Pepper and salt

Method:
Put egg yolks, lemon juice, salt, pepper and mustard in blender and blend for a few seconds. Dribble in the oil slowly with motor running. Add a little more lemon juice if needed.

Note: Use vinegar if no lemon juice available.

Hot Toasted Cheese and Ham Sandwich —————————————

Ingredients
2-4 slices well-buttered loaf per person
Slices of ham
Slices of cheese
Mustard paste to flavour

Method:
Sandwich the buttered bread with ham and cheese. Butter outside of sandwiches and fry until golden in sizzling butter or grill on both sides. Cut in triangles and serve with tossed salad and a cold glass of milk.

Baked Tomatoes with Ham and Egg —————

Ingredients
4 large firm tomatoes
25g/1 oz. chopped ham
25g/1 oz. grated cheddar cheese
1 egg beaten
15-30ml/1-2 tblsps. cream or top of milk
Black pepper/chopped parsley

Method:
Take top off tomatoes and scoop out the pulp carefully, reserving for soups. Place tomatoes in greased ovenproof dish and spoon in a mixture of chopped ham and grated cheese. Spoon over the beaten egg mixed with cream and black pepper. Sprinkle with extra cheese and bake in preheated oven 180ºC/350ºF/Gas 4 for about 20 minutes until set and golden. Serve on circles of buttered toast dipped in chopped parsley.

Smoked Salmon with Savoury Cheese

Ingredients
250g/8 ozs. sliced smoked salmon
110g/4 ozs. cream cheese
15ml/1 tblsp. yogurt (or mayonnaise and cream)
15ml/1 tblsp. horseradish sauce
5ml/1 teasp. lemon juice/lime juice
Little freshly ground black pepper
Garnish: dill and caviar

Method:
Arrange salmon slices on small starter plates. Blend cream cheese, yogurt, horseradish sauce, lemon juice and pepper well together and chill. Spoon or pipe this mixture over salmon and garnish with lemon and sprigs of dill and little caviar. Serve with small brown scones or melba toast.

Note: The filling mixture may be spread over the salmon slices, rolled up tied with chives, and garnished with dill leaves and lemon wedge.

Soups

The day is gone when soup was considered as only an appetizer or course served at the beginning of a meal. Soup with its different accompaniments can be a meal in itself and makes a nourishing lunch. Soups are a good way to get our nutrients and minerals from all the varied vegetables. For growing children who are some-times fussy about the vegetables they eat, soups are an excellent idea. I am concentrating on puréed and thickened soups but I am also introducing you to fruit soups, a concept I took from the USA and a wonderful experience. After all the definition of soup is liquid food and sweet fruit soups are lovely for breakfast or brunch or indeed as a appetizer before any meal. I hope you enjoy my selection of hot, cold, fish and sweet soups.

Fish Chowder _____

Ingredients
450g/1 lb. cubes of fresh cod/haddock
225g/$^1/_2$ lb. cubes of smoked fish cod/haddock
1 onion chopped
1 clove garlic crushed
1 large carrot chopped
2 large potatoes chopped
30ml/2 tblsps. olive oil
Salt and pepper to taste
600ml/1 pint fish stock

Method:
Heat the oil and cook onion and garlic until soft. Add in the carrots and potatoes and mix well until coated with oil; then add in the stock and simmer for about 5-10

minutes. Add in all the fish cubes and simmer until fish and vegetables are tender. Test for correct flavour and serve sprinkled with parsley.

Note: A can of tomatoes may be added to the soup with the stock and 2-3 chopped rashers fried with the onion for extra flavour.

Carrot and Orange Soup

Ingredients
50g/2 ozs. butter or margarine
450g/1 lb. carrots chopped
225g/$^1/_2$ lb. potatoes/peeled and chopped
1 onion peeled and chopped
450ml/$^3/_4$ pint chicken or vegetable stock
150ml/$^1/_4$ pint orange juice
150ml/$^1/_4$ pint cream
Salt and pepper

Method:
Melt butter in a large saucepan and sauté onion until soft, then add in carrots and potatoes and mix well until all covered with melted butter. Add in seasoning and stock, bring to the boil, then lower the heat and simmer until vegetables are soft. Liquidise or sieve, return to the saucepan, add orange juice and reheat well. Lastly add cream and reheat gently. Serve in a warmed soup tureen, garnished with cream and a little orange rind.

Note: Yogurt may be used instead of cream.

Croûtons

Very Quick Croûtons:
Cut crusts off slices of toasted bread and cut into cubes.
Baked Croûtons:
Cut crusts off sliced bread, cut in cubes, put on a baking tray and bake in a hot oven until dry and golden. I find this easier to do by using slices from the freezer as they are firmer for cutting.
Fried Croûtons:
Fry cubes of bread in hot oil until golden.

All the above can be made in advance and wrapped in foil or an airtight container. If you want garlic croutons put a few cloves of peeled garlic in the wrapping with the cubes.

Chilled Tomato Soup (Gazpacho) ——————

Ingredients
6 ripe tomatoes, skinned/deseeded and chopped
25g/1 oz. fine fresh breadcrumbs (approx.)
1-2 cloves of garlic crushed
15m/1 tblsp. red wine vinegar
45-60ml/3-4 tblsps. olive oil
600ml/1 pint tomato juice
1 large onion chopped
1 red pepper chopped
1 small cucumber chopped
150ml/$1/_4$ pint cold water approx.
Salt and freshly milled black pepper
5ml/1 teaspoon fresh herbs, basil, thyme or marjoram

Garnishes:

Bread croûtons rubbed with oil and cooked in oven
1 cucumber finely chopped
1 red pepper finely chopped
1 yellow pepper finely chopped
1 onion finely chopped
Chopped parsley

Method:

Liquidise all the soup ingredients, holding back the water and adding at the end if needed to correct the consistency. Correct seasoning and serve in a polished soup tureen with some ice cubes. Serve the garnishes in separate side dishes.

Note: A wonderful summer soup when tomatoes are full of flavour.

Banana Soup with Cinnamon Croûtons ——

Ingredients

4 large ripe bananas sliced
450ml/$^3/_4$ pint light cream
  or milk or yogurt
1.25m/$^1/_4$ teasp. cinnamon
4 slices white bread

25g/1 oz. melted butter/oil
25g/1oz. caster sugar

Method:

Liquidise bananas, milk or yogurt and cinnamon and serve in glass bowls or glasses. Chill well. Brush the slices of bread with butter or oil and cut into cubes and bake in preheated oven until golden or grill them. Toss in mixture of sugar and cinnamon and serve with banana soup.

Note: This is a nice pick-me-up at any time and with a little "Irish Cream" liqueur or Baileys Oh! Yes!!

Chilled Melon Soup ―――――――――――

Ingredients
1 large cantaloupe melon chopped
300ml/$\frac{1}{2}$ pint apple juice
150ml/$\frac{1}{4}$ pint white wine
1.25ml/$\frac{1}{4}$ teasp. ginger
Fresh mint leaves
Melon cubes to garnish

Method:
Reserve a few cubes of melon and liquidise the rest and mix in the apple juice, white wine and ginger. Serve in polished glass bowls or stemed glasses and garnish with melon cubes and some golden bread croûtons on side plate.

Strawberry Summer Soup ―――――――――

Ingredients
450g/1 lb. strawberries
15-30ml/1-2 tblsps. icing sugar
$\frac{1}{2}$ bottle chilled sparking wine

Method:
Rinse the strawberries and liquidise with the sugar. Push through a nylon sieve if you wish to remove the pips. Mix in the chilled wine and serve in glass bowls garnished with whole strawberries.

Note: Very refreshing for breakfast, brunch or as a pick-me-up any time of day.

Apricot Soup

Ingredients
225g/8 ozs. fresh ripe apricots
225g/8 ozs. shelled nuts/brazil etc.
450ml/3/4 pint water
45-60ml/3-4 tblsps. heated honey
1 egg yolk
60ml/4 tblsps. whipped cream

Method:
Whisk egg yolk with heated honey. Liquidise apricots, nuts and water, add to honey and egg and mix well. Serve in glass bowls with a swirl of cream on top.

Note: Add a little liqueur for special soup.

Two-Melon Soup

Ingredients
1 ripe cantaloupe melon
30ml/2 tblsps. fresh lemon juice
1 ripe honeydew melon
30ml/2 tblsps lime juice
30ml/2 tblsps. honey
Mint leaves to garnish/sour cream

Method:
Liquidise cantaloupe melon, lemon juice and 1 tblsp. honey. Liquidise honeydew melon, lime juice and 1 tblsp. honey separately. Pour the two mixtures at the same time from opposite sides of the soup plate to separate colours. Garnish with sour cream and mint leaves if you wish.

Main Courses

Honey-Glazed Bacon _____

Ingredients
1.57kg/3^1/$_2$ lbs. joint bacon (collar)
4-6 small cooking apples cored
15ml/1 tblsp. brown sugar
60-90ml/4-6 tblsp. honey
12-24 whole cloves

Stuffing:
50g/2 ozs. fresh breadcrumbs   15ml/1 tblsp. melted butter
25g/1 oz. chopped onion   25g/1 oz. chopped walnuts

Method:
Soak bacon joint overnight or for a few hours, then place in saucepan covered with cold water, bring to the boil, remove any scum that forms, lower the heat and simmer for about one hour and a half. Drain well or dry out in the oven before removing the skin. Score the fat with a sharp knife to form diamond pattern, stud the fat with whole cloves and cover with brown sugar and honey mixture with a dash of mustard if wished. Bake in a preheated oven 200ºC/ 400ºF/Gas 6 for about 30-40 minutes. Surround the bacon with the stuffed apples. Spoon the syrup over apples and bacon once or twice to give a nice glaze while baking. Serve bacon on a large platter surrounded by apples. This dish is very tasty with baked or steamed cabbage and scallion champ.

Note: Cubes or rings of pineapple are also very tasty with bacon instead of the stuffed apples, heated on roasting tin with bacon for about 10-15 minutes. Or try baked apricot halves with a little stuffing and purée of apricots for sauce.

Method for Stuffing:

Sauté the onion in melted butter and mix in the bread-crumbs and walnuts. Core the apples and slit the skin in the centre, fill with the stuffing and bake in the oven with the bacon until nice and soft, about 30 minutes.

Angler Baked in Cheese Sauce —————

Ingredients

450g/1 lb. angler/monkfish   50g/2 ozs. grated cheese
25g/1 oz. butter or margarine   225g/8 ozs. duchess potatoes
25g/1 oz. flour   Extra cheese for top
300ml/¹/₂ pint milk and
fish stock

Method:

Cook the fish until it just turns white; do not fully cook it. Add a dash of lemon juice to keep fish firm and white. Remove on to plate and drain well. Put margarine, flour, liquid and grated cheese in a saucepan and using a balloon whisk keep whisking over heat until sauce thickens and is nice and glossy. Place duchess potatoes in a piping bag with large nozzle. Grease an ovenproof dish or dishes, place the fish broken into pieces at the bottom and pour the cheese sauce over. Pipe the potato around the edge, sprinkle extra cheese on top and bake in a preheated oven 180ºC/350ºF/Gas 4 for about 20-30 minutes, depending on size of dish, until nice and golden. Serve garnished with a sprig of parsley and vegetables of your choice.

Note: Cod or haddock may also be used in this dish instead of angler. A very good dish for entertaining as you can prepare it all earlier and then cover and leave in the fridge ready for baking. This is also very nice served in scallop shells.

Duchess Potatoes _____

Ingredients:
450g/1 lb. cooked mashed potatoes
1 egg yolk
25g/1 oz. butter or margarine
Pepper and salt

Method:
Add the beaten egg yolk and butter or margarine in with the mashed potatoes and beat well with a wooden spoon. Add enough pepper and salt to season. Place in a piping bag with a large star nozzle, pipe into spirals and bake until golden, or use to pipe as a border for fish dish.

Crown Roast of Lamb _____

Ingredients
2 Fair-ends of lamb – chined

Stuffing:
25g/1 oz. margarine
1 onion chopped
1 dessert apple chopped – optional
60ml/4 tblsps. fresh breadcrumbs
5ml/1 teasp. chopped parsley
1 egg beaten – optional
Salt and freshly ground pepper.

Method:
Trim the two fair-ends or racks of lamb, 7 cutlets in each, remove the fat and meat from the tips of the bones and scrape the bones clean. Shape into a crown, meat on inside and secure. Your butcher will do this for you or at least he or she will chine it for you.

Melt the margarine in a saucepan, sauté the onion and add in the rest of the stuffing ingredients. Fill the cavity with the stuffing after placing the meat on a greased roasting tin. Cover the bare-bone tips with foil to prevent them from burning. Roast in a preheated oven 200ºC/400ºF/Gas 6 for about 1 hour or until juices run clear when tested with a skewer. Before serving remove tinfoil coverings and replace with paper frills or cherry tomatoes. Serve with mint sauce, redcurrant jelly and ratatouille.

Mint Sauce
25g/1 oz. chopped fresh mint leaves
15ml/1 tblsp. caster sugar
30ml/2 tblsps. boiling water
45ml/3 tblsps. wine vinegar
Pinch salt

Method:
Mix all ingredients together, cover and stand for at least one hour. Can be made in advance.

Redcurrant Jelly ————————————

Ingredients:
450g/1 lb. redcurrants
450g/1 lb. caster sugar

Method:
Put washed redcurrants and sugar into a large saucepan. Bring to the boil stirring constantly for about 7-8 minutes, removing the scum from the top as it rises. Strain through a fine sieve. Spoon into small jars and seal when cold.

Salmon in Filo Pastry————————————

Ingredients
2x350g/12 ozs. tail end pieces of salmon
110g/4 ozs. melted butter with finely chopped chives
5ml/1 teasp. lemon juice
4-6 sheets filo pastry

Method:
Fillet the tail ends of salmon, skin and trim. Brush each sheet of filo pastry with the chive butter and layer 2 or 3 sheets, then cut each in half giving you four sets of filo and brush once more. Place a piece of salmon in the centre of each sheet and sprinkle some butter on top as well as lemon juice, salt and pepper. Fold up pastry to make a neat parcel. Brush with butter, place on a baking tray and bake in a preheated oven 190ºC/375ºF/Gas 5 for about 30-40 minutes depending on thickness of fish, until the pastry is nice and golden. Serve hot with hollandaise sauce.

Quick Hollandaise Sauce ———————————

Ingredients
2 egg yolks
225g/8 ozs. melted butter
15-30ml/1-2 tblsps. cream or
whisked egg-white – optional

5ml/1 teasp. lemon juice
Salt and pepper

Method:
Put egg yolks and lemon juice into a blender and whisk a little, then dribble in the melted butter slowly with the blender at a low speed until it is all added. Add seasoning to taste and a little more lemon juice if needed. This sauce is served warm, not hot. Just before serving fold in the whisked egg whites or half-whipped cream to add volume and richness to the sauce.

Lamb Stir Fry with Noodles —————

Ingredients
450g/l lb. lean lamb cut in small cubes
15-30ml/1-2 Tblsps. olive oil
225g/8 ozs. chopped seasoned vegetables i.e. carrot strips,
broccoli florettes

Marinade:

15ml/1 tblsp. olive oil
15ml/1 tblsp. dry sherry
15ml/1 tblsp. soya sauce
5ml/1 teasp. corn flour
5ml/1 teasp. caster sugar

1-2 garlic cloves crushed
15ml/1 tblsp. honey
15ml/1 tblsp. sesame oil
2.5ml/1/2 teasp. spice

Method:
Mix all marinade ingredients in a bowl, add the meat and leave for at least 1 hour. Heat the olive oil in a wok or frying pan and stir fry the vegetables quickly for 2-3 minutes. Remove from the wok and then stir-fry the lamb in batches pushing the cooked bits to the side as you do. When all the meat is cooked, return the vegetables and mix well with the lamb. Serve with noodles.

Sweet and Sour Meat Balls _____

Ingredients

Meat Balls:
450g/1 lb. minced beef or pork
30-45ml/2-3 tblsps. fine breadcrumbs
1 medium onion finely chopped
Salt and freshly ground black pepper
1 egg beaten
15-30ml/1-2 tblsps. seasoned flour
Oil to fry

Sweet and Sour Sauce:
45-60ml/3-4 tblsps. light soya sauce
45ml/3 tblsps. vinegar
15-30ml/1-2 tblsps. cornflour
30ml/2 tblsps. brown sugar
30ml/2 tblsps. dry sherry
120ml/8 tblsp. stock or water
1 large tin crushed pineapple and juice
$1/_2$ green pepper diced
$1/_2$ red pepper diced

Method:
Mix minced meat with breadcrumbs, onion, salt and
pepper and bind with beaten egg. Shape into a long
sausage shape, cut into 16 pieces and shape each piece
into a ball with flour. Fry in hot oil until golden all over.
Make sauce by mixing all sauce ingredients together in
a saucepan. Bring to the boil, lower heat and simmer for
15-20 minutes. Before serving add in meat balls and
reheat well. Serve with rice -- brown or white -- and
green salad.

Chicken Broccoli Bake ———————

Ingredients
450g/1 lb. cooked florettes of broccoli
450g/1 lb. shreds or strips of cooked chicken
50g/2 ozs. butter/margarine
50g/2 ozs. flour
110g/4 ozs. grated cheese
300ml/$\frac{1}{2}$ pint milk
150ml/$\frac{1}{4}$ pint cream
10ml/2 teasp. made mustard
1 medium onion grated
30ml/2 tblsps. dry sherry
Salt and pepper to taste
25/50g/1-2 ozs. breadcrumbs
25/50g/1-2 ozs. grated parmesan cheese
75g/3 ozs. chopped walnuts

Method:
Put milk, cream, flour, butter, cheese, mustard, onion and sherry into a saucepan, put on to hot plate and whisk continually with a balloon whisk until you get a creamy sauce. Add salt and pepper if needed.

Place broccoli florettes in a greased casserole dish, spread the chicken shreds on top and cover with sauce. Mix extra cheese with breadcrumbs and nuts, sprinkle over the top and bake in a preheated oven 200ºC/400ºF/Gas 6 for about 30-40 minutes until golden on top and well heated. Serve with baked potatoes or crusty bread.

Note: Very good party or weekend dish. You can use turkey instead of chicken.

Vegetables

Garlic

Garlic has been an essential ingredient of many national cuisines through the ages. It is one of the most highly regarded herbs for flavouring and is extremely good for your health. It contains antiseptic substances to help the digestion and can be eaten as a stimulant. We are told that it is known to reduce blood-pressure and relieve bronchitis.

On the Aran Islands where I had my first teaching assignment it grew wild in great profusion in the fields and when walking the roads I could smell it off the cows' breaths. Garlic is a member of the lily family, grown for its swollen bulbs, which are divided into cloves, some white-skinned, others mauve or purple. Fresh parsley neutralises garlic on the breath very effectively.

Garlic bread is very tasty and is simple to make. Cream some butter with a little crushed garlic and butter a long sliced loaf or vienna roll on both sides of slices with this garlic butter. Place back in original shape, wrap in tinfoil and bake in a preheated oven for about fifteen minutes until bread is hot and all the butter melted. Serve at once.

Baked Cabbage White or Green ────────

Ingredients
$1/_2$ head firm cabbage shredded
50g/2 ozs. butter/margarine
1 large onion finely chopped
clove garlic crushed - optional
Salt and pepper

Method:
Melt butter in a deep pan and sauté onion and garlic, then add the finely shredded cabbage. Mix well making sure it is glossy. Cover and bake for about 30 minutes if oven is on to glaze bacon, or else steam on top of cooker, mixing once or twice. Season with salt and pepper.

Note: This is also good cooked in microwave oven.

Baked Red Cabbage ────────────────

Ingredients
1 small red cabbage shredded finely
1 large onion chopped finely
2 cooking apples chopped finely
30ml/2 tblsps. brown sugar
30ml/2 tblsps. honey
30ml/2 tblsps. wine vinegar
25g/1 oz. cubes of butter

Method:
Grease an ovenproof dish and sprinkle in the shredded cabbage, onion and apple, mixing well. Mix the sugar, honey and vinegar and sprinkle over the top. Dot with

cubes of butter, cover tightly and cook in preheated oven 180°C/350°F/Gas 4 for 50-60 minutes.

Note: If oven is not in use for any other purpose steam very slowly on top of cooker. If you have a microwave oven, this cooks even more quickly.

Scallion Champ

Ingredients
3-4 scallions chopped finely
50g/2 ozs. butter
150ml/$^1/_4$ pint of boiling milk or cream
900g/2 lbs. freshly cooked, mashed potatoes
Salt and pepper to taste

Method:
Fry the scallions gently in sizzling butter, add the milk or cream and bring to boiling point. Add in the mashed potatoes and salt and pepper and heat well. Place in a serving dish, score with a fork, make a well in the centre and drop in a lump of butter before serving, piping hot.

Baked Fluffy Potatoes

Ingredients
4 good sized baking potatoes
50g/2 ozs. butter
150ml/$\frac{1}{4}$ pint cream
1 small egg separated
5ml/1 teasp. chopped parsley
50g/2 ozs. freshly grated cheese
Salt and freshly ground black pepper

Method:
Bake the potatoes and when cool enough to handle cut in half, scoop out inside and sieve into a bowl. Stir in butter, cream and egg yolk and cheese. Whisk egg white with a tiny pinch of salt until firm, fold into the potato mixture and season with salt and pepper. Pile mixture back into potato skins and place in ovenproof dish. Bake in a hot oven 200ºC/400ºF/Gas 6 for about 15 minutes or until heated through and golden.

Note: Very good for vegetarians and can also be prepared in advance and refrigerated and baked when needed.

Potato Soufflé

Ingredients
675g/1¹/₂ lbs. hot mashed potatoes
25-50g/1-2 ozs. butter melted
60ml/4 tblsps. warmed cream or milk
1 egg beaten
Salt and pepper
15ml/1 tblsp. breadcrumbs

Method:
Grease a soufflé dish, mix the cream, egg and half of the melted butter, pepper and salt and blend well with finely mashed potatoes. Spoon into prepared dish. Toss breadcrumbs in rest of melted butter and sprinkle over potatoes. Bake in a preheated oven 200ºC/400ºF/Gas 6 for about 30 minutes or until golden.

Ratatouille or Vegetable Stew

Ingredients
4-6 large tomatoes peeled and quartered
3-4 courgettes cut in chunks
1-2 aubergines cut in chunks
2 large onions chopped
2 cloves garlic crushed
1 red pepper cut in chunks
1 green pepper cut in chunks
60ml/4 tblsps. olive oil
Salt and pepper

Method:
Heat the oil and sauté onion and garlic. Add in all the other ingredients, mix well, cover tightly and simmer slowly or cook in the oven for about 1 hour. Sprinkle with parsley to serve.

Desserts

Blackberry and Yogurt Brulée ———————

Ingredients
225g/8 ozs. blackberries
75g/3 ozs. sugar
30ml/2 tblsps. water
2.5ml/1/2 teasp. cornflour
15ml/1 tblsp. Irish Mist Liqueur – optional
90-120ml/6-8 tblsps thick natural yogurt
60-90ml/4-6 tblsps. brown sugar

Method:
Dissolve sugar in water and bring to boil to make a syrup. Add in the liqueur and the berries, mix well, and cook for a minute or two. Blend in the cornflour using a little of the juice, bring to the boil and then take off the heat and leave to cool. When cold, spoon into individual ramekin dishes and top with yogurt. Leave in fridge to set for 2-3 hours or overnight. Sprinkle brown sugar on top and flash under very hot grill until sugar caramelises. Then cool once more for caramel to set.

Poached Rhubarb in Syrup

Ingredients
450g/1 lb. rhubarb pieces
175g/6 ozs. sugar
60ml/4 tblsps water
Little red colouring – optional

Method:
Dissolve sugar in water and boil to make a syrup. Use a large saucepan, having only one layer of rhubarb. Add in the rhubarb and poach gently until rhubarb is soft but not broken. Remove from heat and chill. Serve in polished glass dish, with cream, yogurt or carrageen.

Note: If rhubarb is not very pink, add a drop of red colouring to syrup before adding rhubarb.

Meringue and Cream Moulds

Ingredients
110g/4ozs. crushed meringue shells
300ml/$\frac{1}{2}$ pint whipped cream

Method:
Fold crushed meringue shells into whipped cream. Line greased ramekin dishes with two cross-strips of parchment paper and fill the moulds tightly with meringue mixture. Cover and freeze until very firm. Serve with poached rhubarb or stewed fruit of your choice.

Note: The strips of paper help you to remove dessert from moulds.

Carrageen Moulds

Ingredients

18g/³/₄ oz. carrageen
1 ltr/1³/₄ pints milk
2 egg yolks
110g/4 ozs. caster sugar
300ml/¹/₂ pint whipped cream
30-45ml/2-3 tblsps Irish Mist – optional
Little lemon rind

Method:

Steep carrageen in cold water for 10-15 minutes and trim off discoloured parts. Put into a saucepan with the milk, lemon rind, bring to the boil and simmer until it coats the back of a wooden spoon.

Strain into a large bowl or jug. Whisk egg yolks with the sugar and Irish Mist and pour hot carrageen liquid over egg yolks, beating well, then cool over some ice and keep mixing. When cold, fold in the whipped cream, pour into large or individual moulds and chill. Turn out on to polished plate and serve with rhubarb.

Cheese and Raspberry Charlotte ───────

Ingredients

30 sponge fingers approx.
3 large eggs separated
450g/1 lb. cream cheese
225g/8 ozs. plump raspberries

30ml/2 tblsps. Irish Mist
60ml/4 tblsps. honey
1 pkt. lemon jelly
300ml/$\frac{1}{2}$ pint hot water

Method:

Dissolve the jelly in water and pour some into the base of a 6"/15 cm mould or tin and leave to set. Dip sponge fingers quickly into some liquid jelly and line the sides of the mould with them; sugary side next to mould. Mix Irish Mist and honey together and macerate the berries to get them nice and soft in half of honey mixture. This can be done in advance. Whisk egg yolks and add in the rest of honey mixture and the cream cheese and whisk until creamy. Whisk egg whites with a tiny pinch of salt until very stiff and fold into the cheese mixture carefully, a little at a time. Spoon $\frac{1}{3}$ of this mixture into prepared mould then add a layer of raspberries well drained. Do the same with the other $\frac{2}{3}$ and when mould is nearly full cover with sponge fingers. Cover and freeze for at least four hours or overnight. To unmould, dip very quickly into a basin of hot water to loosen and turn out on a polished serving dish. Decorate with extra raspberries and cream if you wish.

Note: Use strawberries or blackberries instead of raspberries if you prefer.

Blackberry Ice Cream

Ingredients
110g/4 ozs. caster sugar
60ml/4 tblsps. water
350g/12 ozs. blackberries
90ml/6 tblsps. low fat yogurt
150ml/$^1/_4$ pint whipped cream

Method:
Boil sugar and water until you have a nice thick syrup. Add the berries, turn off the heat and leave to macerate until the mixture is cool. Pureé in blender or sieve to remove seeds. Stir in the yogurt and lastly fold in the cream. Pour into a freezer container, cover and freeze. Scoop into an ice bowl to serve.

Ice Crystal Bowl

Using two bowls one about 2" larger than the other, fill large bowl one third with finely crushed ice and drop in some multicoloured flower petals, keeping petals close to the outside of bowl. Place smaller bowl securely over ice and fill around the bowl with more crushed ice and petals to bring ice even with the top of bowls. Weigh down inner bowl with one big lump of ice which can be easily removed later on. Place carefully in freezer and freeze until needed.

When needed remove large lump of ice in inner bowl, then rub inside with hot wet cloth to loosen and remove small bowl. Wrap outside bowl in hot wet towel to loosen outside. Stand this ice bowl on a ring of ice made by using ring moulds for shape as a stand. Replace carefully in freezer until needed. If you are careful with this bowl it can be wiped out and re-frozen for other times.

Blackberry Iced Bombe and Sauce

Ingredients
300ml/½ pint whipped cream
110g/4 ozs. crushed meringue shells
300ml/½ pint blackberry ice cream

Method:
Fold crushed meringues into whipped cream, line a 2 pint pudding bowl with ⅔ of this mixture and freeze until firm. Fill the centre when frozen with soft blackberry ice cream, cover the top with the ⅓ of cream and meringue mixture. Cover and return to freezer until firm. Dip bowl quickly in hot water to loosen ice cream and turn out on a polished glass dish. Serve with blackberry sauce.

Note: Use vanilla ice cream and raspberries or strawberries if you wish to replace blackberry ice cream.

Blackberry Sauce

Ingredients
450g/1 lb. blackberries
5-10ml/1-2 teasp. cornflour
5ml/1 teasp. orange or lemon juice
60ml/4 tblsps. caster sugar

Method:
Purée the berries and press through a sieve to remove seeds. Place this purée in a saucepan, blend cornflour with the juice and add to pureé, also add sugar. Mix well to dissolve sugar and then simmer until sauce is nice and thick. Cool and serve with ice cream.

Sweet Mincemeat Iced Pudding

Ingredients
450g/ l lb. sweet mincemeat cooked and cooled
600ml/1 pint vanilla ice cream
300ml/$^1/_2$ pint whipped cream
110g/4 ozs. glacé cherries halved
110g/4 ozs. crushed meringue shells

Method:
Fold crushed meringues into whipped cream. Line a 2-pint pudding bowl with this mixture. Stud this lining of cream with halved glacé cherries, pressing well into the sides of bowl so they are visible when turned out. Freeze until very firm. Mix the vanilla ice cream and cooked, cooled mincemeat together and fill centre of iced bowl with this mixture. Cover and freeze until needed. Decorate with holly leaves and whole glacé cherries. Serve on a polished glass dish with chocolate sauce.

Jelly Ring Mould with Grapes ─────

Ingredients
2 pkts. green jelly
1 litre/1³/₄ pints boiling water
225g/8 ozs. black seeded grapes
1 ring mould to set jelly in

Method:
Dissolve jelly in water, pour a little into ring mould, half set and then stud with grapes. Reset, then add another layer of jelly and continue with jelly and grapes, setting in fridge or freezer after each layer until ring mould is full. Chill well until firm before turning out on a polished glass dish. Fill centre with frosted green grapes.

To Frost Grapes:
Dip clean dry grapes first in lightly beaten egg white and then into fine caster sugar and leave to dry on cooking parchment.

Note: Jelly can be dissolved in a little boiling water and cold water added to hurry up the setting process.

Baking

Buttermilk

This was originally the residue left after butter-making, and when I was growing up it was a big treat when it was still lukewarm and fresh after churning. It was a common beverage with potatoes and at dinner time. After the third day it got a wee bit bitter and was used for breadmaking. It was also used as a face-wash and then the thicker curds used as a face mask. No wonder the Irish colleens had such wonderful complexions. Now of course you can go to the pharmacy and get butter milk soap.

Buttermilk is more easily digested than normal milk, and it retains many of milk's nutrients. I have great respect for buttermilk as a drink and of course home-made bread tastes just wonderful when made with buttermilk. Sláinte!

Swiss Roll

Ingredients
3 eggs
75g/3 ozs. caster sugar
75g/3 ozs. self-raising flour, sieved
45-60ml/3-4 tblsps. warmed jam

Method:
Whisk eggs and sugar until the mixture is thick and foamy and holds the imprint of the beater. Gently fold in the sieved flour. Pour mixture carefully into lined swiss roll tin and tilt the tin until mixture is even. Bake in a preheated oven 190ºC/375ºF/Gas 5 until nice and golden and springy – about 15-20 minutes. While sponge is baking, place a damp tea towel on the table,

place greaseproof paper on top and sprinkle liberally with caster sugar. Turn sponge out on this, remove lining paper and trim the edges. Spread the jam over the sponge and roll up with the help of the paper. Leave rolled in paper on wire tray for a little while to get its shape. Serve on a polished dish and sprinkle icing sugar on top.

Gateau

This is a French word for cake of all types – plain or decorated, large or small, used for dessert, coffee and afternoon tea. In other parts of the world, including Ireland, the term implies fairly elaborate cakes or sweets which are made using sponge, biscuit or pastry and adding fruit, jelly liqueur and cream to decorate.

For my afternoon-tea TV programme I make a simple sponge. Then I go on to make this sponge mixture into different types of cake or gateau. These recipes are very simple so young and old can try their hand at making them. Always set your oven to the required temperature before baking. Also prepare your tins or baking trays, especially for sponge mixture, as it does not react well if left waiting before baking.

Grape and Orange Gateau

Ingredients
4 eggs
110g/4 ozs. caster sugar
110g/4 ozs. self-raising flour – sieved

Filling:
300 ml/$1/_2$ pint whipped cream
45ml/3 tblsp. kirsch
15ml/1 tblsp. icing sugar sieved
1-2 oranges segmented – mandarin
225g/8 ozs. seedless grapes – halved
50g/2 ozs. toasted chopped almonds

Method:
Line a 9" x 13"/23 cm x 33 cm swiss roll tin with parchment paper. Whisk the eggs and sugar until the mixture is thick and foamy and holds imprint of whisk and gently fold in the sieved flour. Pour mixture carefully into tin and tilt until the mixture flows evenly into corners. Bake in a preheated oven 190ºC/375ºF/ Gas 5 for about 15-20 minutes until nice and golden and springy to the touch. Remove from oven cool for few minutes in tin and remove to a wire tray to cool completely. Add the kirsch and sugar to whipped cream. Put some into piping bag to decorate cake. Cut the sponge into three even portions lengthwise. Sandwich with cream, orange segments and grapes. Cover gateau with cream and press chopped almonds into sides. Decorate with piped cream extra orange segments and grapes.

Note: Use tinned mandarins – colour very good.

Apricot Glazed Gateau _____

Ingredients
3 large eggs
1 egg white
110g/4 ozs. caster sugar

110g/4 ozs. self-raising flour
25g/1 oz. butter melted

Apricot Filling:
1 large can apricot halves, drained
50g/2 ozs. sugar
1 egg yolk
130g/5 ozs. butter
90ml/6 tblsp. apricot syrup

Decoration:
50g/2 ozs. flaked almonds – toasted
30ml/2 tblsp. apricot jam – sieved and heated
Pecan nuts or walnut halves

Method:
Whisk the eggs, egg white and sugar until the mixture is thick and holds the imprint of the whisk. Fold in the sieved flour and then the melted butter carefully and divide the mixture evenly between two prepared round 7" or 18 cm sponge tins. Bake in the centre of a preheated oven 175ºC/350ºF/Gas 4 for about 30 minutes until mixture is golden and springy to the touch. Cool on a wire tray.

Filling:
Put 90ml/6 tblsps. of apricot syrup into a saucepan with the sugar, dissolve and bring to the boil and cook until you have a thick syrup. Whisk this syrup slowly on top of the egg yolk in a bowl and continue whisking until cold. Whisk the butter bit by bit into this mixture, beating well after each addition. Save some apricot

halves for top of cake, then chop the rest and fold into $2/3$ of filling and use this to sandwich cakes together. Spread the side of the cake with the other $1/3$ of filling and roll in the almonds. Arrange apricot halves on top of cake, rounded sides uppermost. Add 1 tblsp./15ml of juice to heated jam and brush or spoon over top of cake. Decorate with pecan nuts or walnuts.

Note: If you wish you can separate the eggs and whisk the whites separately and fold into sponge mixture.

Coffee Nut Gateau ——————————

Ingredients
150g/6 ozs. butter or margarine
150g/6 ozs. caster sugar
150g/6 ozs. self-raising flour

3 eggs
15-30ml/1-2 tblsps. milk

Coffee butter icing:
150g/6 ozs. butter
450g/l lb icing sugar
45-60ml/3-4 tblsps. cold strong black coffee

Glacé icing:
110g/4 ozs. icing sugar
15-30ml/1-2 tblsps. cold black coffee
8-10 walnuts or hazelnuts
50g/2 ozs. flaked almonds

Method:
Mix together the first five ingredients in a food mixer, divide between two 7" or 18 cm sponge tins and bake in a preheated oven 190ºC/375ºF/Gas 5 for about 25 minutes until firm and golden. Cool on a wire tray.

Make butter icing by whisking the three ingredients until nice and creamy. Split each cake when cold and sandwich with butter filling, saving some for side and top of cake. Cover side of cake with some butter icing and then dip into the flaked almonds.

Mix icing sugar with enough cold coffee to make smooth coffee icing, not too soft, and pour over top of cake. Decorate cake with swirls of butter icing and with some nuts.

Coffee Orange Pavlova ───────────

Ingredients
3 egg whites
185g/7 ozs. caster sugar
10ml/2 teasps. instant coffee

5ml/1 teasp. corn flour
5ml/1 teasp. vinegar
5ml/1 teasp. water

Filling:
3 egg yolks
25g/1 oz. sugar
25g/1 oz. corn flour
1 medium can mandarin oranges
125ml/4 fl. ozs. whipped cream

Method:
Whisk the egg whites with a tiny pinch of salt until good and stiff, beat in $2/3$ of the sugar and fold in the rest. Mix cornflour, instant coffee, vinegar and water together and fold into meringue carefully. Shape meringue in a large circle on a tin lined with baking parchment and bake in a pre-heated oven 150ºC/300ºF/Gas 2 for one hour after which meringue will be crisp on the outside and marshmallow-like on the

inside. Turn off the oven and leave meringue inside until oven is cold but do not open the oven door.

To make filling: Strain the juice from mandarins and add milk to make ¹/₂ pint. Add to this liquid the cornflour and sugar and mix well. Put into a saucepan and cook, mixing well, until nice and thick. Beat egg yolks in a bowl and blend the hot liquid carefully with them. Cover mixture and leave until cold. Just before serving, place pavlova on a polished dish, fold most of the mandarins and the cream into the cooked filling and spread on top of pavlova. Decorate with mandarin segments.

Strawberry Shortcake

Ingredients
150g/6 ozs. flour – plain
50g/2 ozs. semolina/ground rice/cornflour
150g/6 ozs. butter/margarine
110g/4 ozs. caster sugar/icing sugar

Filling:
450g/1 lb. strawberries cut in two
110g/4 ozs. caster sugar
250ml/8 fl.ozs. cream whipped
15ml/1 tblsp. icing sugar to dust over

Method:
Cream butter and sugar until soft and add in the sieved flour and semolina or cornflour and bind well together using your hands to bind. Divide in two and mould into two greased (20cm) 8" fluted flan rings with loose base. Prick well with a fork to prevent rising. Bake in the centre of a preheated low oven 150°C/300°F/Gas 3 until dry and light golden – for about 30 minutes. Cut one of

the circles into 8 triangles while hot and leave the two to cool until nice and firm. Fold the strawberries (keeping back 8) into the sweetened cream and spread over the whole circle of shortbread on a polished plate. Place shortbread triangles at a slant on top, decorate with strawberries and dust lightly with icing sugar.

Note: Very good summer dessert or afternoon tea cake.

Strawberry Sauce ⸺⸺⸺⸺⸺

Ingredients:
225g/8 ozs. strawberries
75g/3 ozs. icing sugar

Method:
Liquidise the fruit and sugar and then press through a nylon sieve. Serve with shortbread, ice-cream or fruit.

Note: Raspberry sauce can be made the same way.

Rich Fruit Ring Cake _____

Ingredients
110g/4 ozs. glacé cherries halved
110g/4 ozs. mixed candied peel chopped
110g/4 ozs. dried apricots – chopped
110g/4 ozs. dried pears or apples – chopped
150g/6 ozs. mixed dried fruit
75g/3 ozs. shelled walnuts – chopped
75g/3 ozs. shelled brazil nuts – chopped
75g/3 ozs. almonds – chopped
25g/1 oz. dried figs – chopped
25g/1 oz. dried dates – chopped
110g/4 ozs. wholemeal flour
1.25ml/$1/_4$ tsp. nutmeg
1.25ml/ $1/_4$ tsp. cinnamon
1.25ml/ $1/_4$ tsp. ground cloves
3 eggs beaten
15-30ml/1-2 tblsps. treacle or syrup
30-45ml/2-3 tblsps. brandy

Method:
Put all the prepared fruits in a large bowl. Mix the flour and spices together and mix with fruit. Mix the eggs, treacle and brandy and bind the fruit mixture with this. Pour into a greased 20cm/8" ring tin and bake in the centre of a preheated oven 160ºC/320ºF/Gas 3 for about 40-50 minutes. Cool on a wire tray, glaze with apricot syrup and decorate with walnut halves and glacé cherries or glacé icing zig-zagged over the top and the fruit and nuts as above.

Note: This makes a wonderful Christmas wreath cake.

Muffins

It is with great nostalgia I look back on my cooking and food experience in America. One happy memory is that the Americans introduced me to their wonderful muffins, and to this day I find nothing as nice and simple for breakfast at weekends as some fresh orange juice, a pot of tea or coffee and some hot fresh muffins. Quick and easy to prepare, muffins are best served fresh from the oven and like our own Irish scones they bake so quickly they are out of the oven while you set up the breakfast table. I serve them in my brunch TV programme. The variety is endless. And as blueberry muffins were my love in the USA I am making blackberry muffins because blackberries are such a wonderful free fruit and of course can be frozen for out of season.

Muffins should be removed from the tin immediately after cooking or they go heavy and soggy. Put them on to a wire tray to cool a little and serve in a basket lined with a fresh napkin accompanied by butter and your favourite jam or jelly.

Note: English muffins have their own special mixture. Originally unsweetened yeast-based but can also be made like thick drop scones using a heavy batter.

Banana and Blackberry Muffins ————

Ingredients
225g/8 ozs. white or brown self-raising flour
110g/4 ozs. blackberries chopped
75g/3 ozs. caster sugar
2 large ripe bananas
1-2 beaten eggs
15ml/1 tblsp. honey
45ml/3 tblsps. sunflower oil

Method:
Mash the bananas in a bowl and add in the beaten egg, honey and oil. Into this liquid mix the flour, sugar and blackberries. Spoon into greased muffins tins and bake in a preheated oven 180ºC/350ºF/Gas 4 for about 20 minutes or until cooked. Take out of the oven and leave in tin for a few minutes. Then remove from tin and enjoy while still nice and hot.

Note: Wonderful for brunch or afternoon tea.

Chocolate, Bran and Honey Muffins ————————

Ingredients
175g/7 ozs. self-raising flour
25g/1 oz. bran
25g/1 oz. cocoa – sieved
110gr/4 ozs. chocolate chips
75gr/3 ozs. brown sugar
50g/2 ozs. raisins
2 eggs beaten
150ml/^{1}/$_4$ pint fresh milk or butter milk
45ml/3 tblsps. sunflower oil

Method:

Mix flour, bran, cocoa and chocolate chips, sugar and raisins in a bowl. Mix eggs, milk and oil together and pour into the dry ingredients and mix gently together. Spoon into greased muffin tins and bake in a preheated oven 180ºC/350ºF/Gas4 for about 20 minutes. Remove from oven, leave in tins for a few minutes and then remove and cool on a wire tray.

Wholewheat Fruity Muffins _____

Ingredients

225g/8 ozs. self-raising brown flour
25g/1 oz. self-raising white flour
75g/3 ozs. brown or white sugar
75g/3 ozs. chopped walnuts
110g/4 oz. sultanas
5ml/1 teasp. mixed spice
45ml/3 tblsps. sunflower oil
45ml/3 tblsps. fresh milk or buttermilk
2 eggs – beaten

Method:

Mix all dry ingredients in a large bowl. Mix the oil, eggs, fresh milk or buttermilk together, pour into dry ingredients and mix well. Spoon into greased muffin tins and bake in preheated over 180ºC/350ºF/Gas 4 for about 20 minutes. Take from oven and leave in tin for a few minutes, then remove from tins and cool on wire tray.

Irish Coffee

Ingredients:
Cream – Rich as an Irish brogue
Coffee – Strong as a friendly hand
Sugar – Sweet as the tongue of a rogue
Whiskey – Smooth as the wit of the land

Method:
Heat a stemmed whiskey goblet. Pour in one shot of Irish whiskey – the only whiskey with a smooth taste and full body to make this beverage satisfactorily. Add one or two teaspoons of sugar, fill glass with hot coffee, mixing to dissolve the sugar. Top to the brim with slightly whipped cream and sip without stirring, as the true flavour is obtained by drinking the hot whiskey coffee through the coolness of the cream.

An Old Irish Toast
Health and long life to you
A wife of your choice to you
Land without rent to you,
A child every year to you,
And may you die in Ireland.

Chocolate-Coated Fruit and Nuts

Use your favourite fruits and nuts e.g. strawberries, grapes, pineapple pieces, pecan, brazil and walnuts etc. and dip in melted chocolate. Leave to set on parchment paper. Serve on paper doyley on a decorative dish for after dinner or for afternoon tea.

Buíochas

Sa dara leabhar seo do *Cuisine le Máirín* tá bród orm ár mbia dúchasach a chur i láthair arís agus go deimhin ár gcomhábhair dhúchasacha féin. Is deas an rud freisin a bheith in ann ár dteanga dhúchais a cheangal le ceird na cócaireachta. Cosúil leis an teanga féin is cuid dár ndúchas iad bagún, cabáiste agus ceaile freisin.

Is í Rannóg na gClár Gaeilge in RTÉ a chuir an tsraith clár teilifíse *"Cuisine le Máirín"* ar fáil agus mo mhíle buíochas do Chathal Goan, Ceann na Roinne sin, agus do Anne Marie Kerney mo Léiritheoir agus dá foireann stuama, gan dearmad a dhéanamh ar Michael Croake a dhíolann an leabhar.

Bíonn cabhair ag teastáil agus clár teilifíse á chur le chéile agus bhí cabhair den scoth agamsa in Elizabeth O'Connor Deegan agus Marian Nugent, agus choinnigh siad suas mo chroí. Míle buíochas leo beirt.

Arís tá mé faoi chomaoin ag Bord na Gaeilge a thug neart cúnaimh agus tacaíochta dom, go mór mór Deirdre Davitt lena cineáltas agus lena cuid ama. Maidir le Cristina Ní Chualáin, bheadh sé deacair duine níos tuisceanaí ná í a fháil. Rinne sí clóchur agus athchlóchur go profisiúnta díograiseach agus molaim go mór í.

Chinntigh Attic Press go mbeadh cló agus dearadh maith ar an leabhar agus thug neart tacaíochta agus spreagadh dom.

Céard is féidir liom a rá faoi chairde mo chléibh, m'fhear céile Pádraic agus mo chlann ach murach chomh foighneach, cineálta a bhí siad liom ní bheadh a leithéid de shraith ná de leabhar ann.

Do mo chairde agus mo ghaolta a chabhraigh liom ón tús mo bhuíochas ó chroí. Mar a deir an seanfhocal, "Ar scáth a chéile a mhaireann na daoine".

Máirín Uí Chomáin

Réamhbhlaiseadh

'Blais é is tiocfaidh dúil agat ann', a deirtí i dtaobh bia bhlasta. Ní gá dom féin ach sracfhéachaint a thabhairt ar mhiasa Mháirín Uí Chomáin agus tagann dúil agam iontu.

Gan amhras chuirfeadh pearsantacht gheanúil agus teacht i láthair Mháirín abhaile ort nach aon mhearbhia é seo, gur mó ná díreach dromchla na maitheasa atá air. Anseo istigh arís roinneann sí linn a healaín chócaireachta go fial fáiltitheach, ealaín, dar liom, atá ar suanbhruith áit éigin idir an chistin dhúchasach agus an *cuisine* idirnáisiúnta is nua-aimseartha, an chuid is saibhre den sean, taobh le taobh leis an gcuid is praiticiúla den nua.

Cuireann sé an-ghliondar orm go bhfuil sárchlár teilifíse Mháirín ag bruith leis i gcónaí, dea-obair léiriúcháin Neasa Ní Chinnéide á tabhairt céim eile ar aghaidh anois ag Anne Marie Kerney. Gné shuntais den tsraith an chaoi a n-éiríonn le Máirín idir chainteoirí líofa Gaeilge agus lucht an bheagáin a mhealladh isteach ina cistin. Ach nár dúradh riamh linn go mbíonn 'blas ar an mbeagán'. Má tá amhras ort, bain triail as na Múnlaí Carraigín, faoi mar a rinne mé féin. Is geall le hathghabháil ar thraidisiún *cuisine* na nGael blaiseadh díobh.

Tréaslaím leabhar gleoite seo le Máirín Uí Chomáin.

Deirdre Davitt

Céadchúrsaí agus Sneaiceanna

Oisrí Dhroichead an Chláirín Au Naturel

Comhábhair:

2 dhosaen oisrí
1 líomóid gearrtha i bpíosaí
Slisní arán donn agus im

Modh:

Sciúr na hoisrí go maith agus rinseáil in uisce fuar iad. Beir ar an oisre go láidir le héadach glan, an taobh díreach in airde. Cuir scian oisrí isteach go téann tríd an inse agus gearr an bia ón sliogán uachtair. Cas an scian go láidir ansin chun an dá shliogán a dhealú ó chéile agus caith amach na sliogáin dhíreacha. Glan na himill go cúramach. Scaoil saor an bia sna sliogáin agus bí cúramach gan an sú a dhoirteadh, agus iompaigh an bia droim ar ais sa sú. Socraigh na sliogáin ar leaba leac oighir meilte nó feamainne agus maisigh le píosaí líomóide. Dáil na hoisrí le harán donn agus im. Téann leann dubh na hÉireann go maith leo.

Cupáin Cúcamair agus Cloicheáin

Comhábhair:

225g./8 n-unsa cloicheáin chócaráilte scilte
1 cúcamar mór ramhar
45-60ml/3-4 spúnóg bhoird iógart nádúrtha/nó maonáis
1 tráta mionghearrtha agus na síolta bainte as
5ml/1 taespúnóg purée trátaí
Salann, piobar agus paiprice
Beagán miontais mionghearrtha

Modh:

Bain an dá cheann den chúcamar agus gearr ina phíosaí cosúil le bairillí nó cupáin bheaga. Bain amach an chuid is mó den bhia sa lár. Measc iógart nó maonáis, purée trátaí, miontas, blastáin agus cloicheáin, ach coinnigh roinnt de na cloicheáin le cur ar bharr gach cupán. Líon na cupáin leis an meascán; cuir na cloicheáin iomlána ar a mbarr agus croith paiprice orthu. Fuaraigh agus dáil iad le méaróga beaga tósta.

Blini Prátaí agus Bradán ⎯⎯⎯⎯⎯⎯⎯

Comhábhair:

1-2 phráta mhóra amha	Pinse salainn
25g/1 unsa plúir	Ola le friochadh
1 ubh	

Líonadh:

60ml/4 spúnóg bhoird d'uachtar géar
110g/4 unsa bradán deataithe mionghearrtha

Modh:

Leachtaigh na prátaí in éineacht leis an ubh, an plúr agus an salann. Cuir lán spúnóige ag an am den mheascán isteach in ola the i bhfriochtán trom agus frioch iad. Dáil iad in éineacht le lán spúnóige d'uachtar géar agus stiallacha bradán deataithe.

Nóta: Tá sé blasta mar chéadchúrsa nó mar shneaic. Tá muisiriúin go deas sa mheascán freisin.

Uibheacha Stuáilte

Comhábhair:

4-6 ubh chruabhruite
15ml/1 spúnóg bhoird maonáise
15ml/1 spúnóg bhoird d'uachtar
Pinse púdar curaí – roghnach
Pinse salainn agus piobar
1 slisne de bhradán deataithe

1 stán beag cloicheán
3 thráta silín
Peirsil/síobhais

Modh:

Bain na blaoscanna de na huibheacha agus déan leathanna díobh, ar a bhfad. Tóg amach na buíocáin go cúramach, cuir isteach i mbabhla iad le maonáis, uachtar, púdar curaí, piobar agus salann agus déan cumasc mín díobh. Cuir an cumasc le spúnóg isteach i mála píob a bhfuil soc ar dhéanamh réalta air. Líon gach gealacán uibhe leis an meascán agus maisigh le stiallacha bradáin, cloicheáin, trátaí silín, peirsil nó síobhais. Is féidir slisní bagúin briosc a úsáid freisin nó is féidir sairdíní brúite a mheascadh leis na buíocáin uibhe. Dáil ar thrinsiúr (*platter*) snasta le leitís nó ar chiorcail tósta.

Ubh Scrofa le Bradán Deataithe

Comhábhair:

2-4 ubh – buailte
15-30ml/1-2 spúnóg bhoird bainne
50g/2 unsa ime
Salann agus piobar
15ml/1 spúnóg bhoird uachtair – roghnach

Modh:

Cuir an bainne, an t-im, an salann agus an piobar i sáspan neamhghreamaitheach. Téigh an t-iomlán go dtosaíonn sé ag fiuchadh agus ansin doirt isteach an ubh bhuailte agus measc go maith go mbíonn an meascán deas cúrach. Ná bíodh an teas ró-ard nó cruafaidh an ubh. Tóg den teas é sula mbíonn sé cócaráilte ar fad agus coinnigh á chorraí mar gur leor teas an tsáspain. Cuir beagán uachtair ann más mian leat. Maisigh le stiallacha bradáin deataithe agus peirsil.

Nóta: Maisiúcháin eile is féidir a fhilleadh isteach sna huibheacha ag an deireadh:
Slisní muisiriúin cócaráilte
Liamhás cócaráilte mionghearrtha
Cloicheáin nó ribí róibéis
Píosaí de shlisní bagúin briosc
Tráta mionghearrtha

Cácaí Éisc ─────────────────────

Comhábhair:
225g/8 n-unsa d'iasc cócaráilte calógaithe
225g/8 n-unsa prátaí cócaráilte brúite
50g/2 unsa plúir
1 ubh bhuailte– roghnach
15ml/1 spúnóg bhoird d'im leáite
Pinse salainn
Ola le friochadh

Modh:
Measc an t-iasc, na prátaí, an plúr, (ubh mas mian leat), an t-im leáite agus an salann le chéile i mbabhla. Iompaigh amach an t-iomlán ar losaid phlúrtha. Roinn an meascán ina 3 nó 4 phíosa, múnlaigh i gciorcail iad, cuir roic sna himill agus gearr gach ciorcal i dtriantáin. Frioch i bhfriochtán te go mbíonn siad órga ar an dá thaobh, agus ith te iad.

Cístí Prátaí agus Bradáin ⸻

Comhábhair:

1 phráta mór, leath-amh – grátáilte
110g/4 unsa bradán úr cócaráilte
Piobar úrmheilte agus salann
Ola chun friochta

Modh:

Bain an craiceann den phráta leathbhruite fuaraithe agus grátáil. Measc leis seo an bradán briste ina chalóga, piobar agus salann. Déan cístí beaga as seo i mbos na láimhe agus friochta ar an dá thaobh in ola the go mbeidh dath deas órga orthu. Maisigh le ding trátaí agus peirsil.

Borgairí Prátaí Liamháis agus Cáis ⸻

Comhábhair:

225g/8 n-unsa prátaí cócaráilte brúite
110g/4 unsa plúr éiritheach
25g/1 unsa oinniún mionghearrtha
50g/2 unsa liamhás mionghearrtha
50g/2 unsa cáis chéadair ghrátáilte
1 ubh bhuailte
Salann agus Piobar

Modh:

Déan cístí prátaí as na prátaí brúite, plúr, an t-oinniún, an piobar agus an salann. Rollaigh an meascán agus déan ocht (8) gcuid de. Cuir roinnt liamháis agus cáise ar 4 cinn acu, fliuch na himill leis an ubh bhuailte agus clúdaigh iad leis na ceithre cinn eile. Dún na himill, cuimil ubh bhuailte le scuaibín orthu, leag ar thráidire bácála gréiscthe iad agus bácáil iad in oigheann measartha te ar feadh 30 nóiméad nó mar sin go mbíonn siad deas órga, nó frioch i bhfriochtán trom go mbíonn siad órga ar an dá thaobh.

Nóta: Is féidir iad a dhéanamh i bhfad roimh ré agus iad a fhágáil clúdaithe sa chuisneoir.

Arán Blasta Tanaí ar an Toirt ─────────

Comhábhair:

225g/8 n-unsa plúr bán éiritheach
45ml/3 spúnóg bhoird d'ola olóige nó ola lus na gréine
15-30ml/1-2 spúnóg bhoird d'oinniún, grátáilte go mion
Pinse salainn – agus luibheanna más mian leat
75ml/$1/8$ pionta bainne – milis nó géar (thart air)

Modh:

Cuir an plúr, an salann, na luibheanna agus an t-oinniún isteach i mbabhla agus measc go maith. Measc isteach 30ml/2 spúnóg bhoird d'ola olóige agus dóthain bainne le taos tiubh a dhéanamh. Iompaigh amach ar losaid phlúrtha, gearr ina dhá phíosa nó trí phíosa, fuin gach píosa ann féin agus déan leac thanaí de. Cuir loig bheaga sa dromchla, cuir ar thráidire bácála gréiscthe é agus cuir tuilleadh den ola olóige le scuaibín air. Bácáil in oigheann réamhthéite ag 180ºC/350ºF/Gás 4 ar feadh 15 nóiméad nó mar sin. Gearr ina phíosaí triantánacha agus cuimil an scuaibín ola arís díobh sula ndáileann tú te iad.

Nóta:

Úsáid blastáin dhifriúla chun aráin speisialta a dhéanamh: 15-30ml/1-2 spúnóg bhoird peirsil mhionghearrtha in áit oinniúin i gcomhair Arán Peirsile agus croith beagán cáise grátáilte ar an mbarr i gcomhair Arán Cáise, nó úsáid sáiste/basal nó blastán ar bith is mian leat. Phioc mise an tArán Oinniúin mar gur maith liom féin go mór é agus mar go mbíonn oinniúin i ngach teach.

Is féidir freisin aráin bheaga aonair a dhéanamh, iad a bhácáil ar feadh 5-8 nóiméad agus iad a úsáid mar íochtair i gcomhair pizzaí beaga.

Pizzaí Beaga

Úsáid miosúr amháin de mheascán aráin tanaí blasta, múnlaigh i gciorcail bheaga agus bácáil san oigheann. Ansin clúdaigh gach ciorcal díobh le leafaos trátaí agus cuir barr de do rogha féin orthu, mar shampla:
1. Slisní trátaí agus salami
2. Bradán deataithe
3. Liamhás mionghearrtha agus anann
4. Piobair mhionghearrtha agus oinniúin nó muisiriúin

Ansin cuir cáis ghrátáilte ar bharr an iomláin agus grioll iad go mbíonn siad deas órga. Is féidir na híochtair a dhéanamh roimh ré agus iad a chur le chéile díreach nuair a bhíonn siad uait. Tá siad go maith le brisfeasta mall nó le sneaic.

Rothaí Pionnaí Liamháis agus Bradáin

Comhábhair:
8 slisní arán donn gearrtha an-úr
8 slisní arán bán gearrtha an-úr
8 slisní bradán deataithe
8 slisní liamháis
75g/3 unsa im bog
Piobar dubh úrmheilte
Sú líomóide
5ml/1 taespúnóg mustard réitithe

Modh:
Gearr na crústaí den arán agus rollaigh le crann fuinte go mbíonn sé an-tanaí. Cuir im ar na slisní go cúramach. Clúdaigh roinnt de na slisní le bradán agus roinnt eile le liamhás. Croith sú líomóide agus piobar dubh ar an mbradán agus cuimil beagán mustaird ar an liamhás. Rollaigh na slisní, ina gceann agus ina gceann, cosúil le rollóga Eilvéiseacha. Fill na rollaí seo i ndlúthscannán (cling film) nó i scragall stáin (*tinfoil*) agus cur sa chuisneoir iad go mbíonn siad deas dlúth. Bain díobh an clúdach agus gearr i slisní iad cosúil le rothaí pionnaí.

Nóta: Tá siad seo an-oiriúnach i gcomhair cóisire nó tae iarnóna.

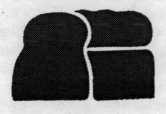

Tae Beag Tráthnóna

Cuireann "afternoon tea" taephotaí agus tráidirí airgid i gcuimhne dúinn agus boird faoi ghréithe deasa ar phlásóg ghlas fhéir, nó boird bheaga cois tine tráthnónta geimhridh, ach cuireann tae beag tráthnóna i gcuimhne domsa go pearsanta na tráthnónta i m'óige a dtugainn tae ar an bportach sa samhradh nó tae sa ngarraí nuair a bhíodh an féar á shábháil. Tá cuimhne mhaith agam ar channaí móra tae agus ar ghambaí blasta cáca cuiríní faoi bhrat breá im baile, ach is mór é mo ghean freisin ar cheapairí cumhra cúcamair nó biolair, spúinse, agus im ag leá ar scónaí te mar aon le subh agus uachtar.

Tabharfaidh mé roinnt de na moltaí is fearr liom féin anseo agus ansin féadfaidh tú iad a thástáil nuair a chasfar do chara thart chuig do theachsa i gcomhair tae beag tráthnóna. Mar shampla, ba mhaith liom ceapairí pion-rollaí a dhéanamh mar ní hé amháin go mb reathnaíonn siad go deas ach is féidir leat na cineálacha éagsúla líonta (*fillings*) a bhlaiseadh gan an iomarca a ithe. I mo shraith teilifíse freisin taispeáinfidh mé an chaoi le spúinse tapa a dhéanamh agus na bealaí difriúla ar féidir é a chur i láthair gan mórán trioblóide i gcomhair tae beag tráthnóna.

Tá tae ar an deoch is mó a hóltar sa domhan ar fad. Is iad na Sínigh a chuir tús leis an nós thart ar 2,750 R.Ch. agus is le daoine a choinneáil ina ndúiseacht a hóladh tae ar dtús. Níor shroich tae an Eoraip go dtí thart ar 1600 A.D. nuair a thug trádálaithe Portaingéalacha ansin é agus thóg sé leathchéad bliain eile sular tháinig sé go hÉirinn. Is i Sasana agus in Éirinn a tosaíodh ag cur bainne ar an tae ar dtús ionas nach scoiltfeadh an tae te na cupáin, agus fós féin tá nós ag daoine áirithe an bainne a chur sa chupán ar dtús. Sa lá atá inniu ann ólann níos mó daoine a gcuid tae le bainne ann ná a ólann dubh nó le líomóid é. Tá an-tóir ar thae oighrithe i Stáit Aontaithe Mheiriceá ach níor bhuanaigh an nós anseo ar chor ar bith – de bharr na haeráide, b'fhéidir.

N'fheadar cé atá ina rí – ach is í an tae an bhanríon!
Seanfhocal ó Chorca Dhuibhne

Ceapairí Bagúin, Leitíse agus Trátaí _____

Comhábhair:
2-4 slisní tósta an duine
Slisní bagúin griollta
Duilleoga leitíse nite agus triomaithe
2-4 thráta mhóra gearrtha i slisní
15-30ml/1-2 spúnóg bhoird maonáise

Modh:
Cuir im ar an tósta agus scar roinnt maonáise air. Déan sraitheanna den leitís, den bhagún briosc, de na slisní trátaí agus den leitís arís. Gearr ina thriantáin agus dáil iad daingnithe le cipíní manglaim.

Nóta: Sneaic thapa bhlasta i gcomhair lóin nó suipéir. Is i Stáit Aontaithe Mheiriceá a bhlais mé ar dtús iad agus tá siad ar cheann de na sneaiceanna is mó a bhfuil tóir orthu ansin. Tugann na Meiriceánaigh BLTs orthu – Ceapairí Bagúin, Leitís agus Trátaí.

Trátaí Cúracha Bácáilte ——————————

Comhábhair:

4-6 thráta mór
Pinse salainn, piobar agus siúcra
15-20 duilleog basail stiallghearrtha
150ml/^{1}/$_4$ pionta uachtair
25g/1 unsa cáis ghrátáilte
25g/1 unsa grabhróga aráin
25g/1 unsa ime

Modh:

Gréisc mias phióige. Gearr na trátaí ina slisní, leag ina sraitheanna sa mhias iad agus croith basal orthu. Measc na blastáin isteach san uachtar agus doirt anuas ar na trátaí é. Croith meascán de ghrabhróga agus de cháis ghrátáilte os a gcionn agus breac an barr le dabaí beaga ime. Bácáil in oigheann réamhthéite 180°C/350°F/Gás 4 te ar feadh 30 nóiméad nó mar sin.

Ceapairí Oscailte Liamháis, Cáise agus Anainn ——————————

Comhábhair:

4 slisní d'arán donn nó bán   4 slisní cáise
4 slisní liamháis   4 fháinne anainn
15ml/1 spúnóg bhoird
 marmaláid gharbh – roghnach

Modh:

Tóstáil na slisní aráin agus ansin cuir na slisní liamháis ar dtús, ansin an t-anann agus ansin an cháis ar an tósta. Grioll an t-iomlán go mbíonn siad ar friochadh agus órga. Má thaitníonn rudaí milse leat triail beagán marmaláid gharbh a chur os cionn na cáise roimh ghriolladh.

Rollaí Liamháis Cáiseacha ─────────

Comhábhair:

4 slisní móra liamháis
50g/2 unsa cabáiste bán mionstiallta
50g/2 unsa cáis chéadair grátáilte
50g/2 unsa meacan dearg (cairéad) grátáilte
25g/1 unsa oinniún grátáilte
15-30ml/1-2 spúnóg bhoird maonáise
Piobar dubh úrmheilte
Leitís mhionstiallta
Trátaí silíní
Píosa líomóide agus peirsil

Modh:

Measc an cabáiste, an cháis, an t-oinniún, an cairéad agus an piobar agus táthaigh le chéile iad le maonáis. Scar ar na slisní liamháis é, déan rollaí scaoilte díobh agus leag ar leaba leitís mhionstiallta ar thrinsiúr (*platter*) iad. Maisigh le trátaí, líomóid agus peirsil.

Ceapairí Cúcamar agus Biolar ─────────

Comhábhair:

6 slisní aráin tanaí bán nó donn
25-50g/1-2 unsa ime bog
25-50g/1-2 unsa biolair, glan agus gearrtha suas
Piobar úrmheilte
$1/2$ cúcamar lomtha agus ina slisní tanaí
$1/4$ taesp. salainn

Modh:

Cuir na slisní cúcamair i mbabhla agus croith salann orthu. Clúdaigh agus cuir sa chuisneoir thart ar 30 nóiméad mar tarraingíonn an salann breis uisce as an gcúcamar. Measc an piobar leis an im bog agus cuimil an t-im ar na slisní aráin agus croith an biolar ar thrí cinn do na slisní aráin. Séalaigh agus triomaigh na slisní cúcamair agus cuir anuas ar an mbiolar. Clúdaigh leis na slisní eile aráin, daingnigh go cúramach le chéile, gearr dhíobh na crústaí go cúramach agus ansin gearr ina dtriantáin. Socraigh ar phláta agus maisigh le slisní breise cúcamair nó le biolar.

Maonáis ar an Toirt

Comhábhair:
2 bhuíocán uibhe
10ml/2 taespúnóg sú líomóide
250ml/8 n-unsa leachtach d'ola olóige nó ola lus na gréine
2.5ml/$^1/_2$ taespúnóg mustard tirm
Salann agus piobar

Modh:
Cuir na buíocáin uibhe, an sú líomóide, an salann, an piobar agus an mustard i gcumascóir agus cumaisc ar feadh cúpla soicind. Cuir isteach an ola go mall agus an cumascóir ag imeacht agus cuir beagán breise sú líomóide ann más gá.

Nóta: Úsáid fínéagar mura bhfuil sú líomóide ar fáil.

Ceapairí Tóstáilte Te Cáise agus Liamháis

Comhábhair:

2-4 slisní arán agus im an duine
slisní liamháis
slisní cáise
leafaos mustaird mar bhlastán

Modh:

Déan ceapairí den arán agus im agus den liamhás agus den cháis. Cuir im ar an taobh amuigh de na ceapairí agus frioch iad in im atá ar friochadh go mbíonn siad deas órga, nó grioll ar an dá thaobh iad. Gearr i dtriantáin iad agus dáil iad le sailéad suaite agus gloine bainne fuar.

Trátaí, Liamhás agus Ubh, Bácáilte

Comhábhair:

4 thráta mhóra ramhra
25g/1 unsa liamhás mionghearrtha
25g/1 unsa cáis chéadair grátáilte
1 ubh, buailte
15-30ml/1-2 spúnóg bhoird uachtair nó barr an bhainne
Piobar dubh/peirsil mhionghearrtha

Modh:

Bain an barr de na trátaí, taosc amach an taobh istigh díobh agus coinnigh i gcomhair anraith é. Cuir na trátaí i mias ghréiscthe oigheanndíonach agus, le spúnóg, líon suas iad le meascán de liamhás mionghearrtha agus cáis ghrátáilte. Cuir an meascán den ubh bhuailte, uachtar agus piobar dubh os a gcionn le spúnóg agus croith breis cáise orthu. Bácáil iad in oigheann réamhthéite ag 180ºC/350ºF/Gás 4 ar feadh 20 nóiméad nó mar sin go mbíonn siad bácáilte agus órga. Dáil iad ar chiorcail tósta agus ime tumtha i bpeirsil mhion-ghearrtha.

Bradán Deataithe le Cáis Bhlasta

Comhábhair:

250g/8 n-unsa slisní bradán deataithe
110g/4 unsa cáis uachtair
15ml/1 spúnóg bhoird iógairt nó maonáis agus uachtar
15ml/1 spúnóg bhoird anlann raidis fhiáin
5ml/1 taespúnóg sú líomóide/sú líoma
Beagán piobar dubh úrmheilte
Maisiú: Lus mín agus caibheáir

Modh:

Cuir slisní bradán deataithe ar phlátaí beaga. Cumaisc cáis uachtair, iógart, anlann raidis fhiáin, sú líomóide agus piobar le chéile agus fuaraigh go maith. Cuir an meascán seo le spúnóg, nó trí phíobán, ar an mbradán agus maisigh le líomóid, lus mín (*dill*) agus beagán caibheáir (*caviar*). Cuir ar bord é le bonnóga beaga donna nó tósta melba.

Nóta: Is féidir an meascán a scaradh ar na slisní bradáin agus iad a rolladh suas, ceangailte le síobhais, agus maisithe le duilleoga lus mín agus píosa líomóide.

Anraithí

Ní fhéachtar feasta ar anraith mar an chéad chúrsa le dúil a chur i do bhéile agat, ach mar bhéile ann féin go minic nuair a bhíonn rudaí éagsúla leis. Is iontach an rud é anraith ag am lóin leis an gcothú agus na mianraí atá i nglasraí a fháil agus is iontach an cothú é do pháistí nach bhfuil rócheanúil ar ghlasraí áirithe. Beidh mé ag díriú ar anraith purée agus ar anraithí ramhraithe, ach beidh mé freisin ag cur anraithí torthaí milse os bhur gcomhair – smaoineamh nua a thug mé as Meiriceá liom. Tar éis an tsaoil ciallaíonn anraith 'bia leachtach'. Tá anraith torthaí milse iontach leis an mbricfeasta nó le *'brunch'* (briclón) nó, go deimhin, mar réamhchúrsa do bhéile ar bith. Tá súil agam go mbainfidh tú sásamh as na hanraithí seo, idir fhuar, the, iasc agus mhilse.

Seabhdar Éisc

Comhábhair:
450g/1 punt ciúbanna de throsc/cadóg úr
225g/$^1/_2$ phunt ciúbanna d'iasc deataithe – trosc/cadóg
1 oinniún mionghearrtha
1 ionga gairleoige brúite
1 meacan dearg (cairéad) mór mionghearrtha
2 phráta mhóra mionghearrtha
30ml/2 spúnóg bhoird ola olóige
Salann agus piobar mar is mian leat
600ml/1 phionta stoc éisc

Modh:
Téigh an ola agus cócaráil an t-oinniún agus an ghairleog go mbíonn siad bog. Cuir isteach na meacain dhearga agus na prátaí agus measc go maith go mbíonn siad clúdaithe leis an ola; cuir isteach an stoc agus suanbhruith ar feadh 5-10 nóiméad. Ansin cuir isteach

na ciúbanna éisc go léir agus suanbhruith go mbíonn an t-iasc agus na glasraí bog. Cinntigh go bhfuil dóthain blastán air, croith peirsil air agus cuir ar bord é.

Nóta: Is féidir leat canna trátaí a mheascadh isteach leis an lacht éisc agus freisin 2-3 slis bagúin gearrtha go beag a fhriochadh leis an oinniún.

Anraith Cairéad agus Oráiste ———————

Comhábhair:

50g/2 unsa ime nó margairín
450g/1 punt meacan dearg (cairéad) mionghearrtha
225g/$^1/_2$ phunt prátaí, an craiceann bainte díobh agus iad mionghearrtha
1 oinniún, an craiceann bainte de agus é mionghearrtha
450ml/$^3/_4$ pionta stoc sicín nó glasraí
150ml/$^1/_4$ pionta sú oráiste
150ml/$^1/_4$ pionta uachtair
Salann agus piobar

Modh:

Leáigh an t-im i sáspan mór agus sótáil an t-oinniún go mbíonn sé bog. Ansin cuir isteach na meacain dhearga agus na prátaí agus measc go maith iad go mbíonn siad ar fad clúdaithe le him leáite. Cuir isteach na blastáin agus an stoc, fiuch suas agus nuair a thosaíonn sé ag fiuchadh ísligh an teas agus fág ar suanbhruith go mbíonn na glasraí bog. Leachtaigh nó criathraigh é, cuir ar ais sa sáspan é, cuir an sú oráiste leis agus téigh suas go maith arís é. Ar deireadh cuir isteach an t-uachtar agus téigh suas go mall é. Cuir ar bord é i mias anraith théite maisithe le huachtar agus beagán craiceann oráiste.

Nóta: Is féidir iógart a úsáid in áit uachtair.

Croûtons

Croûtons ar an Toirt

Gearr na crústaí de shlisne arán tóstáilte agus gearr suas ina chiúbanna.

Croûtons Bhácáilte

Gearr na crústaí de shlisne aráin, gearr i gciúbanna, cuir ar thráidire bácála agus bácáil iad in oigheann te go mbíonn siad tirm órga. Má úsáideann tú slisne aráin as an reoiteoir tá sé níos éasca iad a ghearradh.

Croûtons Friochta

Frioch ciúbanna aráin in ola the go mbíonn siad órga.

Is féidir gach rud thuas a dhéanamh roimh ré agus iad a fhilleadh i scragall stáin nó i mbosca éigin nach ligeann an t-aer chucu. Má tá croûtons gairleoige uait cuir cúpla ionga gairleoige isteach leis na ciúbanna aráin.

Anraith Trátaí Fuaraithe (Gazpacho)——————

Comhábhair:

6 thráta aibí, an craiceann bainte díobh, na síolta bainte astu agus iad mionghearrtha
25g/1 unsa grabhróga úra (thart ar)
1-2 ionga gairleoige, brúite
15ml/1 spúnóg bhoird fínéagar fíon dearg
45-60ml/3-4 spúnóg bhoird ola olóige
600ml/1 pionta sú trátaí
1 oinniún mór mionghearrtha
1 piobar dearg mionghearrtha
1 cúcamar beag mionghearrtha
150ml/$^1/_4$ pionta uisce fuar nó mar sin
Salann agus piobar dubh úrmheilte
5ml/1 taespúnóg luibheanna úra –
  basal, tím nó oragán (*marjoram*)

Maisiúcháin:

Croûtons aráin cuimilte le hola agus cócaráilte san oigheann
1 cúcamar mionghearrtha
1 piobar dearg mionghearrtha
1 piobar buí mionghearrtha
1 oinniún mionghearrtha
Peirsil mhionghearrtha

Modh:

Leachtaigh na comhábhair go léir ach coinnigh an t-uisce go dtí an deireadh agus cuir isteach é má bhíonn sé ag teastáil leis an tiús ceart a fháil. Déan cinnte go bhfuil dóthain blastán air agus ansin cuir ar bord é i mias anraith shnasta le roinnt ciúbanna leac oighir. Cuir na maisiúcháin ar bord i miasa beaga leo féin.

Nóta: Anraith iontach é seo sa Samhradh, nuair is blasta a bhíonn na trátaí.

Anraith Bananaí/Croûtons Cainéil ─────────

Comhábhair:

4 banana mhóra aibí gearrtha i slisní
450ml/$^3/_4$ pionta d'uachtar éadrom nó $^1/_4$ pionta bainne nó iógart
1.25ml/$^1/_4$ taespúnóg cainéal
4 slisní arán bán
25g/1 unsa im leáite/ola
Pinse maith cainéil
25g/1 unsa siúcra mín

Modh:

Leachtaigh na bananaí, bainne nó iógart agus cainéal agus dáil i mbabhlaí gloine nó i ngloiní. Fuaraigh go maith. Cuimil im nó ola ar na slisní aráin agus gearr i gciúbanna iad agus bácáil in oigheann réamhthéite iad go mbíonn siad deas órga – sin nó grioll iad. Caith isteach i meascán siúcra agus cainéil iad agus dáil leis an anraith bananaí.

Nóta: Aireoidh tú níos fearr dá bharr seo am ar bith agus aireoidh tú níos fearr fós má chuireann tú braon beag *Irish Mist* nó *Baileys* ann.

Anraith Mealbhacáin Fuaraithe _____

Comhábhair:
1 mealbhacán mór Cantaloupe mionghearrtha
300ml/$^1/_2$ phionta sú úll
150ml/$^1/_4$ pionta fíon bán
1.25ml/$^1/_4$ taespúnóg sinséir
Duilleoga úra miontais
Ciúbanna mealbhacáin mar mhaisiúchán

Modh:
Coinnigh cúpla ciúb mealbhacáin, leachtaigh an chuid eile agus measc isteach an sú úll, an fíon bán agus an sinséar. Dáil i mbabhlaí gloine leis na ciúbanna meal bhacáin agus ciúbanna aráin bácáilte ar thaobhphláta.

Anraith Samhraidh Sútha Talún _____

Comhábhair:
450g/1 phunt sútha talún
15-30ml/1-2 spúnóg bhoird siúcra púdaraithe
$^1/_2$ buidéal fíon súilíneach fuaraithe

Modh:
Rinseáil na sútha talún agus leachtaigh leis an siúcra. Criathraigh trí chriathar níolóin más mian leat chun na síolta a dhealú. Measc isteach an fíon fuaraithe agus dáil i mbabhlaí gloine maisithe le sútha talún iomlána.

Nóta: Dúiseoidh sé seo suas thú le do bhricfeasta más moch nó mall é, nó aon am eile den lá.

Anraith Aibreoige

Comhábhair:

225g/8 n-unsa aibreog aibí úr
225g/8 n-unsa cnónna/Braisíleacha etc.
450ml/³/₄ pionta uisce
45-60ml/3-4 spúnóg bhoird mil théite
1 buíocán uibhe
60ml/4 spúnóg bhoird uachtar coipthe

Modh:

Gread an buíocán uibhe agus an mhil théite le chéile. Leachtaigh na haibreoga, na cnónna agus an t-uisce, cuir isteach leis an mil agus leis an mbuíocán iad agus measc go maith. Dáil i mbabhlaí gloine agus roinnt uachtair ar a mbarr.

Nóta: Cuir braon licéir san anraith agus beidh sé go hálainn ar fad.

Anraith Dhá Mhealbhacán

Comhábhair:

1 mealbhacán Cantaloupe úr
30ml/2 spúnóg bhoird sú líomóide
1 mealbhacán ceomeala úr
30ml/2 spúnóg bhoird sú líoma (*lime juice*)
30ml/2 spúnóg bhoird de mhil
Duilleoga miontais mar mhaisiúchán/uachtar géar

Modh:

Leachtaigh an mealbhacán Cantaloupe, sú líomóide agus 1 spúnóg bhoird den mhil leo féin. Leachtaigh an mealbhacán ceomeala, sú líoma agus 1 spúnóg bhoird den mhil leo féin. Doirt an dá mheascán ag an am céanna ó dhá thaobh pláta anraith. Maisigh le huachtar géar agus duilleoga miontais.

Príomhchúrsaí

Bagún Glónraithe le Mil ────────────

Comhábhair:
1.57kg/3^1/$_2$ punt spóla bagúin (coiléar)
4-6 úll beag cócaireachta agus an croí bainte astu
60-90ml/4/6 spúnóg bhoird meala
15ml/1 spúnóg bhoird siúcra donn
12-24 clóbh iomlán

Stuáil:
50g/2 unsa grabhróga úra aráin
25g/1 unsa oinniún mionghearrtha
15ml/1 spúnóg bhoird d'im leáite
25g/1 unsa gallchnónna mionghearrtha

Modh:
Cuir an spóla bagúin ar bogadh thar oíche nó ar feadh cúpla uair an chloig ar a laghad. Cuir i sáspan é agus clúdaigh le huisce. Nuair a thosaíonn sé ag fiuchadh bain an screamh de bharr an uisce, íslígh an teas agus fág ar suanbhruith ar feadh uair go leith nó mar sin. Draenáil go maith nó triomaigh san oigheann sula mbaineann tú an craiceann de. Gearr eangaí muileatacha sa dromchla, breac an gheir le clóibh iomlána agus clúdaigh le meascán siúcra donn agus meala, mar aon le beagán mustaird más mian leat. Bácáil in oigheann réamhthéite ag 200ºC/400ºF/Gás 6 ar feadh 30-40 nóiméad. Cuir úlla stuáilte timpeall an bhagúin. Dóirt spúnóga den tsíoróip os cionn an bhagúin agus na n-úll anois agus arís chun iad a ghlónrú go deas le linn dóibh a bheith ag bácáil. Dáil an bagún ar thrinsiúr (*platter*) mór agus na húlla ina thimpeall. Téann cabáiste bácáilte nó galaithe agus ceaile scailliún go maith leis an mias bhlasta seo.

Nóta: Téann ciúbanna nó fáinní anainn (*pineapple*) go maith le bagún freisin in áit na n-úll stuáilte. Cuir na ciúbanna nó na fáinní anainn ag téamh ar an stán rósta leis an mbagún ar feadh 10-15 nóiméad, nó leathanna aibreoige (*apricot*) bácáilte agus beagán búiste iontu, mar aon le purée aibreoige mar anlann.

Modh don Stuáil:
Bog an t-oinniún san im leáite agus measc isteach na grabhróga aráin agus gallchnónna. Bain an croí as na húlla, gearr an craiceann timpeall an láir agus líon leis an stuáil. Bácáil leis an mbagún go mbeidh siad bog thart ar 30 nóiméad.

Láimhíneach Bácáilte in Anlann Cáise

Comhábhair:
450g/1 phunt láimhíneach/deilgín deamhain
25g/1 unsa ime nó margairín
25g/1 unsa plúir
300ml/$^1/_2$ phionta leacht bainne agus stoc éisc
50g/2 unsa cáis ghrátáilte
225g/8 n-unsa prátaí Duchess
Cáis bhreise le cur ar a bharr

Modh:
Cócaráil an t-iasc go mbíonn sé díreach bán; ná cócaráil go hiomlán é, agus cuir braon sú líomóide leis chun an t-iasc a choinneáil geal agus le chéile. Tóg amach ar phláta é agus draenáil go maith é. Cuir margairín, plúr, leacht agus cáis ghrátáilte i sáspan agus úsáid greadtóir balúnach chun coinneáil á ghreadadh ar an teas go mbíonn an t-anlann tiubh agus lonrach. Cuir na prátaí Bandiúc i máilín cuislithe a bhfuil soc mór air. Gréisc

mias nó miasa atá oigheann-díonach, cuir an t-iasc agus é briste ina phíosaí ar íochtar na méise agus doirt an t-anlann cáise os a chionn. Cuisligh na prátaí timpeall leis an imeall, croith cáis ghrátáilte bhreise ar a bharr agus bácáil in oigheann réamhthéite ag 180ºC/350ºF/ Gás 4 ar feadh 20-30 nóiméad, ag brath ar mhéid na méise, go mbíonn an t-iomlán deas órga. Cuir ar bord é agus é maisithe le craobhóg pheirsil.

Nóta: Is féidir cadóg nó trosc a úsáid in ionad láimhíneach. Mias mhaith i gcomhair cóisire mar gur féidir é go léir a ullmhú roimh ré, é a chlúdach agus a chur sa chuisneoir, réidh le bácáil ag an am ceart. Is féidir sliogáin a úsáid in ionad méise chun é a chócaráil agus a chur ar bord.

Prátaí Bandiúc

Comhábhair:

450g/1 phunt prátaí bruite, mionbhrúite
1 bhuíocán uibhe
25g/1 unsa ime nó margairín
Piobar agus salann

Modh:

Measc isteach an buíocán uibhe buailte agus an t-im nó margairín leis na prátaí brúite agus buail go maith le spúnóg adhmaid. Cuir leo dóthain piobair agus salainn. Cuir isteach i mála teann píob le réalt-soc agus cuir amach ar stáin i bhfoirm bíse agus bácáil go mbeidh siad órga nó úsáid chun maisiú ar imeall méise éisc.

Coróin Uaineola Rósta ────────────

Comhábhair:
2 raca uaineola

Búiste:
25g/1 unsa margairín
1 oinniún mionghearrtha
1 úll milseoige mionghearrtha – roghnach
60ml/4 spúnóg bhoird grabhróga úra
5ml/1 taespúnóg peirsil, mionghearrtha
1 ubh – buailte (roghnach)
Salann agus piobar úrmheilte

Modh:
Cóirigh an dá raca uaineola, 7 ngearrthóg i ngach raca.
Bain an gheir agus an fheoil de bharr na gcnámh agus
scríob glan iad. Cuir cruth corónach ar na racaí agus
bíodh an fheoil ar an taobh istigh. Déanfaidh an búistéir
é seo duit. Leáigh an margairín i sáspan. Sótáil (*sauté*) an
t-oinniún agus cuir isteach an chuid eile de chomh-
ábhair an bhúiste. Cuir an fheoil ar stán rósta gréiscthe
agus líon an cuas leis an mbúiste. Clúdaigh barra na
gcnámh le scragall stáin ionas nach ndófaidh siad. Róst
an fheoil in oigheann réamhthéite ag 200ºC/400ºF/Gás
6 ar feadh 1 uair an chloig nó mar sin nó go ritheann an
sú glan aisti nuair a sháitear briogún inti. Sula
ndáileann tú an fheoil bain an scragall stáin de bharra
na gcnámh agus cuir rufaí páipéir orthu, nó trátaí silíní.
Cuir an mhias ar bord le hanlann miontais, glóthach
cuiríní dearga agus Ratatouille.

Anlann Miontais ───────────────

Comhábhair:
25g/1 unsa duilleoga úra miontais, mionghearrtha
15ml/1 spúnóg bhoird siúcra mín
30ml/2 spúnóg bhoird uisce fiuchta
45ml/3 spúnóg bhoird fínéagar fíona
Pinse salainn.

Modh:
Measc na comhábhair go léir le chéile, clúdaigh iad agus
fág ansin ar feadh 1 uair an chloig ar a laghad iad. Is
féidir é a dhéanamh roimh ré.

Glóthach Cuiríní Dearga ───────────────

Comhábhair:
450g/1 phunt cuiríní dearga
450g/1 phunt siúcra mín

Modh:
Nigh na cuiríní agus cuir isteach i sáspan mór leis an
siúcra, tabhair go pointe fiuchta agus cócaráil thart ar
7-8 nóiméad, dhá mheascadh go maith i rith an ama agus
ag tógáil dhe aon screamh a thagann go barr, séalaigh
trí chriathar mín agus cuir i gcrócaí beaga. Clúdaigh na
crócaí nuair a bhíonn an ghlóthach fuar.

Bradán i dTaosrán Filo ─────────────

Comhábhair:
2 x 350g/12 unsa de phíosaí eireabaill bradáin
110g/4 unsa im leáite agus síobhais mionghearrtha
5ml/1 taespúnóg sú líomóide
4-6 bhileog de thaosrán filo

Modh:
Filléadaigh na píosaí eireabaill bradáin, bain an craiceann de agus cóirigh. Cuimil an t-im síobhais le scuaibín ar gach ceann de na bileoga taosrán filo. Cuir 2 nó 3 bhileog os cionn a chéile agus gearr ina leathanna iad agus cuimil im síóbhais orthu leis an scuaibín arís. Cuir píosa bradáin i lár gach píosa taosráin, croith roinnt ime air mar aon le sú líomóide, salann agus piobar. Fill suas an taosrán agus déan beartán beag néata de. Cuimil im ar gach beartán, cuir ar thráidire bácála iad agus bácáil in oigheann réamhthéite ag 190ºC/375ºF/Gás 5 ar feadh 30-40 nóiméad, ag brath ar thiús an éisc, go mbíonn an taosrán deas órga. Cuir ar bord te é agus anlann Ollannach leis.

Anlann Ollannach ar an Toirt ─────────

Comhábhair:
2 bhuíocán uibhe
225g/8 n-unsa d'im leáite
5ml/1 taespúnóg sú líomóide
Salann agus piobar
15-30ml/1-2 spúnóg bhoird uachtair nó gealacán uibhe greadta – roghnach

Modh:

Cuir na buíocáin uibhe agus sú líomóide isteach i gcumascóir agus gread iad beagán. Cuir an cumascóir ar luas íseal agus de réir a chéile lig isteach an t-im leáite go mall réidh go mbíonn sé ar fad istigh. Cuir blastáin leis mar is mian leat agus beagán breise sú líomóide más gá. Dáileann tú an t-anlann seo bogthe seachas te agus díreach sula ndáileann tú é fill isteach an gealacán uibhe nó an t-uachtar leathchoipthe chun é a thiúchan agus a shaibhriú más mian leat.

Uaineoil Meascfhriochta agus Núdail

Comhábhair:

450g/1 punt uaineoil thrua, gearrtha i gciúbanna beaga
15-30ml/1-2 spúnóg bhoird d'ola olóige
225g/8 n-unsa glasraí séasúracha mionghearrtha i.e.
stiallacha meacan dearg (cairéid) nó dosáin (*florettes*) brocailí

Maranáid:

15ml/1 spúnóg bhoird ola olóige
15ml/1 spúnóg bhoird seiris neamh-mhilis
15ml/1 spúnóg bhoird anlann soighe
5ml/1 taespúnóg gránphlúir
5ml/1 taespúnóg siúcra mín
1-2 ionga ghairleoige brúite
15ml/1 spúnóg bhoird meala
15ml/1 spúnóg bhoird ola seasamain
2.5ml/$^1/_2$ taespúnóg spíosra

Modh:

Measc na comhábhair maranáid go léir i mbabhla. Cuir isteach an fheoil agus fág ar fheadh 1 uair an chloig ar a laghad é. Téigh an ola olóige i Wok nó i bhfriochtán agus meascfhrioch na glasraí go tapa ar feadh 2-3 nóiméad. Tóg den Wok iad agus ansin meascfhrioch an uaineoil, beagán ag an am, ag brú na coda atá friochta i leataobh, go mbíonn an fheoil go léir friochta. Cuir na glasraí ar ais sa Wok agus measc go maith leis an bhfeoil iad. Cuir ar bord le núdail é.

Liathróidí Feola Milis agus Géar ──────────

Comhábhair:

Liathróidí Feola:
450g/1 punt mairteoil (nó muiceoil) mhionaithe
30-45ml/2-3 spúnóg bhoird grabhróga míne aráin
1 oinniún measartha mór mionghearrtha
Salann agus piobair dubh úrmheilte
1 ubh buailte
15-30ml/1-2 T.S. plúir agus blastáin ann
Ola le friochadh

Anlann Milis agus Géar:
45-60ml/3-4 spúnóg bhoird anlann éadrom soighe
45ml/3 spúnóg bhoird fínéagair
15-30ml/1-2 spúnóg bhoird gránphlúir
30ml/2 spúnóg bhoird siúcra donn
30ml/2 spúnóg bhoird seiris neamh-mhilis
120ml/8 spúnóg bhoird stoc nó uisce
1 stán mór anann brúite agus sú
$1/_2$ piobar glas díslithe
$1/_2$ piobar dearg díslithe

Modh:
Measc an fheoil mhionaithe leis na grabhróga, an t-oinniún, salann, piobar agus cumaisc leis an ubh bhuailte. Cuir cruth ispín fada air agus gearr i sé píosa dhéag (16) é. Déan liathróid de gach píosa leis an bplúr. Frioch in ola the go mbíonn siad deas órga. Déan anlann

trí chomhábhair an anlainn a mheascadh le chéile i sáspan. Fiuch iad agus nuair a thosaíonn siad ag fiuchadh, ísligh an teas agus suanbhruith ar feadh 15-20 nóiméad. Cuir isteach na liathróidí feola agus téigh go maith arís iad. Cuir ar bord le rís – donn nó bán – agus sailéad deas glas.

Sicín agus Brocailí Bácáilte

Comhábhair:

450g/ 1 punt dosáin (*florettes*) brocailí cócaráilte
450g/1 punt stiallacha sicín cócaráilte
50g/2 unsa ime/margairín
50g/2 unsa plúir
110g/4 unsa cáis ghrátáilte
300ml/$^1/_2$ phionta bainne
150ml/$^1/_4$ pionta uachtair
10ml/2 taespúnóg mustard réitithe
1 oinniún measartha mór grátáilte
30ml/2 spúnóg bhoird seiris neamh-mhilis
Salann agus piobar ar do mhian
25/50g/1-2 unsa grabhróga míne aráin
25/50g/1-2 unsa cáise Parmesan grátáilte
75g/3 únsa gallchnónna mionghearrtha

Modh:

Cuir an bainne, an t-uachtar, an plúr, an t-im, an cháis, an mustard, an t-oinniún agus an tseiris isteach i sáspan, cuir ar phláta te é agus coinnigh á ghreadadh le greadtóir balúnach go mbíonn anlann deas cúrach agat. Cuir salann agus piobar leis más gá. Cuir an brocailí i mias chasaróil ghréiscthe, scar na ciúbanna sicín ar a bharr agus clúdaigh leis an anlann iad. Measc breis cáise leis na grabhróga agus na gallchnónna, croith ar an mbarr iad agus bácáil in oigheann réamhthéite ag 200ºC/400ºF/Gás 6 ar feadh 30-40 nóiméad go mbíonn sé deas órga ar a bharr agus sách té. Cuir ar bord é le prátaí bácáilte nó arán crústa.

Nóta: Mias mhaith cóisire nó deireadh seachtaine í seo. Is féidir turcaí a úsáid in áit sicín.

Glasraí

Gairleog

Tá an-tábhacht leis an ngairleog i gcúrsaí cócaireachta ar fud an domhain leis na cianta, agus tá an-mheas uirthi mar luibh atá go han-mhaith duit agus a chuireann blas breá ar bhia. Tá substaintí antaiseipteacha (*antiseptic*) sa ghairleog a chabhraíonn leis an díleá agus tá spreagadh le fáil aisti freisin. Deirtear linn gur féidir léi an brú fola a ísliú agus faoiseamh a thabhairt ó bhroincíteas.

D'fheicinn creamh (*wild garlic*) sna garranta in Árainn í nuair a fuair mé mo chéad phost múinteoireachta ansin agus bhíodh boladh an chreamha le fáil ó na ba nuair a bhínn ag siúl an bhóthair. Ní haon ionadh go bhfuil pobal Árann chomh folláin is atá siad. Tá gaol ag an ngairleog leis an lile agus fastar í i mbleibíní atá roinnte i gclóbhanna (iongaí). Bíonn craiceann bán ar chuid acu seo agus craiceann corcra nó liathchorcra ar chuid eile díobh. Tá peirsil úr go maith le blas gairleoige a bhaint den anáil.

Tá arán gairleoige an-bhlasta agus an-éasca le réiteach. Measc beagán gairleoige meilte le him cúraithe agus scar an t-im gairleoige seo ar an dá thaobh ar shlisne builín gearrtha nó rollóg vienna. Cuir an t-arán ar ais sa riocht a raibh sé ann, cuir scragall stáin thart air agus bácáil in oighean réamhthéite é ar feadh ceathrú uaire nó mar sin, go mbíonn an t-arán te agus an t-im gairleoige leáite. Is ceart é a ithe láithreach.

Cabáiste Bácáilte – Bán nó Glas

Comhábhair:
$^1/_2$ dhos cabáiste chrua mionstiallta
50g/2 unsa ime – margairín
1 oinniún mór mionghearrtha
1 ionga gairleoige brúite – roghnach
Salann agus piobar

Modh:
Leáigh an t-im i ndomhainfhriochtán agus sótáil (*sauté*) an t-oinniún agus an ghairleog. Cuir isteach an cabáiste mionstiallta agus measc go maith go mbeidh snas deas air. Clúdaigh agus bácáil ar feadh 30 nóiméad nó mar sin, má tá an t-oigheann ar siúl chun an bagún a ghlónrú, sin nó galaigh ar bharr an chócaireáin, á mheascadh uair nó dhó. Blaistigh le salann agus piobar.

Nóta: Is féidir é seo a chócaráil in oigheann micreathoinne freisin.

Cabáiste Dearg Bácáilte

Comhábhair:
1 dos beag cabáiste dearg mionstiallta
1 oinniún mór mionghearrtha
2 úll ghlas cócaireachta mionghearrtha
30ml/2 spúnóg bhoird siúcra donn
30ml/2 spúnóg bhoird meala
30ml/2 spúnóg bhoird fínéagar fíona
25g/1 unsa ciúbanna ime

Modh:
Gréisc mias oigheanndíonach, croith isteach an cabáiste mionstiallta, oinniún agus úll agus measc go maith. Measc an siúcra, an mhil agus an fínéagar agus croith ar a mbarr é. Breac le ciúbanna ime é, clúdaigh go teann é

agus cócaráil in oigheann réamhthéite ag 180ºC/350ºF/ Gás 4 ar feadh 50-60 nóiméad.

Nóta: Mura bhfuil an t-oigheann ar siúl i gcomhair rud éigin eile is féidir an mhias seo a ghalú go han-mhall ar bharr an chócaireáin. Má tá oigheann micreathoinne agat tá sé níos sciobtha fós.

Ceaile Scailliún

Comhábhair:
3-4 scailliún mionghearrtha
50g/2 unsa ime
150ml/$^1/_4$ pionta bainne nó uachtar fiuchta
900g/2 phunt prátaí úrbhruite brúite
Salann agus piobar

Modh:
Frioch na scailliúin go deas réidh in im atá ar friochadh, cuir an bainne nó an t-uachtar isteach leo agus bain fiuchadh as. Nuair a thosaíonn sé ag fiuchadh cuir isteach na prátaí brúite, salann agus piobar agus téigh go maith. Cuir an t-iomlán ar mhias dheas dháilte, déan tobairín sa lár agus cuir daba maith ime ann agus ansin cuir ar an mbord é te bruite.

Prátaí Plúracha Bácáilte —————————

Comhábhair:
4 phráta mhaithe bácála
50g/2 unsa ime
150ml/$1/_4$ pionta uachtair
1 ubh bheag – deighilte
5ml/1 taespúnóg peirsil – mionghearrtha
50g/2 unsa cáis úrghrátáilte
Salann agus piobar dubh úrmheilte

Modh:
Bácáil na prátaí agus nuair a bhíonn siad sách fuar le láimhseáil gearr ina dhá leath, taosc amach an taobh istigh agus criathraigh isteach i mbabhla. Measc isteach an t-im, an t-uachtar, an buíocán agus an cháis. Cuir pinse an-bheag salainn ar an ngealacán, gread é go mbíonn sé dlúth, fill isteach sa mheascán prátaí é agus cuir salann agus piobar leis. Líon an meascán ar ais isteach sna craicne prátaí agus cuir isteach i mias oigheanndíonach iad. Bácáil in oigheann te ag 200ºC/400ºF/Gás 6 ar feadh 15 nóiméad nó mar sin, nó go mbíonn siad te agus órga.

N.B. An-mhaith i gcomhair feoilséantóirí agus is féidir iad a réiteach roimh ré agus a choinneáil sa chuisneoir go mbíonn siad ag teastáil.

Curóg Phrátaí —————————————

Comhábhair:
675g/$1^1/_2$ punt prátaí brúite te
25-50g/1-2 unsa im leáite
60ml/4 spúnóg bhoird uachtar nó bainne téite
1 ubh – buailte
Salann agus piobar
15ml/1 spúnóg bhoird grabhróga aráin

Modh:

Gréisc mias soufflé. Measc an t-uachtar, an ubh, leath an ime leáite, an piobar agus an salann, agus déan cumasc mín díobh leis na prátaí brúite. Líon isteach le spúnóg sa mhias réamhullmhaithe. Measc na grabhróga isteach sa chuid eile den im leáite agus croith ar na prátaí iad. Bácáil in oigheann réamhthéite ag 200ºC/400ºF/Gás 6 ar feadh 30 nóiméad nó mar sin nó go dtí go mbíonn an churóg deas órga.

Stobhach Glasraí nó Ratatouille ────────

Comhábhair:

4-6 thráta mhóra, an craiceann bainte díobh agus iad gearrtha ina gceathrúna
3-4 courgettes gearrtha i bpíosaí
1-2 aubergines gearrtha i bpíosaí
2 oinniún mhóra, mionghearrtha
2 ionga gairleoige, brúite
1 piobar dearg gearrtha i bpíosaí
1 piobar glas gearrtha i bpíosaí
60ml/4 spúnóg bhoird d'ola olóige
Salann agus piobar

Modh:

Téigh an ola agus sótáil an t-oinniún agus an ghairleog. Cuir isteach an chuid eile de na comhábhair. Measc go maith iad, clúdaigh go teann agus suanbhruith go mall nó cócaráil san oigheann ar feadh 1 uair an chloig nó mar sin. Croith peirsil air agus cuir ar bord.

Milseoga

Brûlée Sméar Dubh agus Iógairt ──────────

Comhábhair:
225g/8 n-unsa sméara dubha
75g/3 unsa siúcra
30ml/2 spúnóg bhoird uisce
2.5ml/$^1/_2$ taespúnóg gránphlúir
15ml/1 spúnóg bhoird licéar Irish Mist – roghnach
90-120ml/6-8 spúnóg bhoird d'iógart nádúrtha tiubh
60-90ml/4-6 spúnóg bhoird siúcra donn

Modh:
Leáigh an siúcra in uisce, bain fiuchadh as agus déan síoróip de. Cuir isteach an licéar agus na sméara dubha, measc go maith agus cócaráil ar feadh nóiméad nó dhó. Measc isteach an gránphlúr, ag úsáid cuid den sú chun cumasc a dhéanamh agus nuair a thosaíonn sé ag fiuchadh tóg den teas é agus fág ag fuarú é. Nuair a fhuaraíonn sé líon isteach i miasa ramacain le spúnóg é agus cuir iógart ar a mbarr. Fág sa chuisneoir iad le téachtadh 2-3 uair, nó thar oíche fiú amháin. Croith siúcra donn ar a mbarr agus sáigh faoi ghriolla an-te iad ar feadh meandair chun caramalú a dhéanamh ar an siúcra. Fuaraigh arís le seans a thabhairt don charamal cruachan.

Biabhóg Scallta i Síoróip ─────────────

Comhábhair:
450g/1 punt píosaí biabhóige
175g/6 unsa siúcra
60ml/4 spúnóg bhoird uisce
Beagán dathúchán dearg – roghnach

Modh:
Leáigh an siúcra in uisce agus fiuch é go ndéantar síoróip de. Úsáid sáspan mór agus srath amháin biabhóige. Cuir isteach an bhiabhóg agus scall go deas réidh é go mbíonn an bhiabhóg bog ach gan briseadh. Tóg den teas agus fuaraigh. Dáil an bhiabhóg i mias ghloine snasta, le huachtar, iógart nó carraigín.

Nóta: Mura bhfuil an bhiabhóg an-bhándearg cuir braon den dathúchán dearg isteach sa tsíoróip sula gcuireann tú an bhiabhóg isteach.

Múnlaí Meireang agus Uachtair ──────────

Comhábhair:
110g/4 unsa blaoscanna meilte meireang
300ml/$\frac{1}{2}$ phionta uachtar coipthe

Modh:
Fill isteach an meireang leis an uachtar coipthe. Líneáil múnlaí beaga gréisithe le dhá stiall de phárpháipéar a thrasnú agus líon na múnlaí leis an meascán. Clúdaigh agus reoigh go mbíonn siad teann. Cuir ar bord le biabhóg stofa nó aon chineál eile torthaí stofa dod' mhian.

Nóta: Cuidíonn na stialla páipéir an mhilseog a bhaint as an múnla.

Múnlaí Carraigín

Comhábhair:

18g/³/₄ unsa carraigín
1 lítear/1³/₄ pionta bainne
2 bhuíocán uibhe
110g/4 unsa siúcra mín
300ml/¹/₂ phionta uachtar coipthe
30-45ml/2-3 spúnóg bhoird Irish Mist – roghnach
Beagán craiceann líomóide

Modh:

Cuir an carraigín ar bogadh in uisce fuar ar feadh 10-15 nóiméad agus gearr de na píosaí dorcha. Cuir isteach i sáspan é in éineacht leis an mbainne agus leis an gcraiceann líomóide, fiuch é agus nuair a thosaíonn sé ag fiuchadh fág ar suanbhruith é go dtí go ngreamaíonn sé de chúl spúnóige adhmaid. Síothlaigh isteach i mbabhla mór nó i gcrúiscín mór é. Gread na buíocáin uibhe agus an siúcra agus an Irish Mist le chéile, doirt an carraigín te os cionn na mbuíocán agus buail an t-iomlán go maith. Fuaraigh os cionn leac oighir agus coinnigh ort ag meascadh. Nuair a bhíonn sé fuar fill isteach an t-uachtar coipthe agus doirt isteach é i múnla mór amháin nó i múnlaí beaga agus fuaraigh. Iompaigh amach é ar phláta snasta agus cuir ar bord é le biabhóg.

Charlotte Cáise agus Sútha Craobh ⸺

Comhábhair:

30 méaróg spúinse, nó mar sin
3 ubh mhóra, deighilte
450g/1 phunt cáis uachtair
225g/8 n-unsa sútha craobh ramhra
30ml/2 spúnóg bhoird Irish Mist
60ml/4 spúnóg bhoird meala
1 phaicéad glóthach líomóide
300ml/$\frac{1}{2}$ phionta uisce te

Modh:

Leáigh an ghlóthach in uisce agus doirt roinnt di isteach in íochtar múnla nó stán 6"/15cm agus fág le téachtadh. Tum méaróga spúinse i nglóthach bhog agus líneáil taobhanna an mhúnla leo, taobh an tsiúcra in aghaidh an mhúnla. Measc Irish Mist agus an mhil le chéile agus cuir na sútha craobh ar bogadh i leath den mheascán meala. Is féidir é seo a dhéanamh roimh ré. Gread na buíocáin uibhe agus cuir isteach an chuid eile den mheascán meala agus an cháis uachtair agus gread an t-iomlán go mbíonn sé deas cúrach. Gread na gealacáin uibhe agus cuir pinse beag salainn leo go mbíonn siad an-tiubh agus ansin fill isteach sa mheascán cáise go cúramach iad, beagán ag an am. Cuir $\frac{1}{3}$ den mheascán isteach sa mhúnla atá ullmhaithe agus cuir isteach sraith de na sútha craobh atá draenáilte go maith. Déan an rud céanna leis an $\frac{2}{3}$ eile agus nuair a bhíonn an múnla beagnach lán clúdaigh le méaróga spúinse. Clúdaigh agus reoigh ar feadh ceithre huaire ar a laghad, nó thar oíche. Chun é a bhaint as an múnla tum an múnla go tapa i mbáisín uisce te chun é a bhogadh agus iompaigh amach ar mhias shnasta é. Maisigh le sútha craobh breise agus cuir uachtar air más mian leat.

Nóta: Úsáid sútha talún nó sméara dubha más mian leat in ionad na sútha craobh.

Reoiteog Sméar Dubh

Comhábhair:
110g/4 unsa siúcra mín
60ml/4 spúnóg bhoird uisce
350g/12 unsa sméara dubha
90ml/6 spúnóg bhoird iógairt atá íseal i saill
150ml/$^1/_4$ pionta uachtar coipthe

Modh:
Fiuch an siúcra agus an t-uisce go mbíonn síoróip dheas thiubh agat. Cuir isteach na sméara dubha, cas de an teas agus fág ar bogadh ann iad go bhfuaraíonn an meascán. Déan purée de sa leachtaitheoir nó criathraigh é chun na síolta a bhaint as. Measc isteach an t-iógart agus ar deireadh fill isteach an t-uachtar. Doirt isteach in árthach reoiteora, clúdaigh agus reoigh. Déan scúip de isteach i mbabhla leac oighir.

Babhla Leac Oighir

Úsáid dhá bhabhla, ceann acu 2" níos mó ná an ceann eile. Cuir leac oighir atá meilte go mion isteach sa bhabhla is mó díobh go mbíonn an tríú cuid de lán. Cuir roinnt piotal bláthanna ar dhathanna éagsúla isteach leis an leac oighir agus coinnigh gar don dromchla amuigh iad. Cuir an babhla is lú os cionn an leac oighir agus líon isteach leac oighir bhreise idir an dá bhabhla, mar aon le piotail bhláthanna, go mbíonn an leac oighir ar comhairde leis na babhlaí.

Cuir meall leice oighir isteach sa bhabhla beag lena choinneáil síos agus cuir isteach sa reoiteoir iad agus reoigh iad go mbíonn siad ag teastáil.

Nuair a bhíonn an babhla leac oighir ag teastáil, tóg amach an meall leice oighir, cuimil an taobh istigh le héadach fliuch te chun an babhla beag a scaoileadh agus a thógáil amach ar fad. Cuir tuáille te fliuch timpeall an bhabhla taobh amuigh chun é a scaoileadh, agus cuir de leataobh é. Cuir an babhla nua leac oighir ina sheasamh ar sheastán de leac oighir atá múnlaithe le fáinní. Cuir ar ais go cúramach sa reoiteoir é go mbíonn sé ag teastáil agus má úsáideann tú go cúramach é is féidir é a ghlanadh amach agus a úsáid arís agus arís eile.

Nóta ar Bhabhla Leac Oighir
D'fhág mé amach é seo as mo leabhar deireanach sa rannóg faoin uachtar reoite, ach anois beidh tú in ann do chuid uachtar reoite a chur chun boird ar bhealach níos galánta agus sásamh níos fearr a bhaint as.

Maróg Mhionra Oighrithe ————————

Comhábhair:

450g/1 punt mionra milis cócaráilte agus fuaraithe
300ml/$^1/_2$ phionta d'uachtar coipthe
110g/4 unsa blaoscanna meilte meireang
600ml/1 pionta uachtar reoite fanaile
110g/4 unsa silíní glónraithe gearrtha ina dhá leath

Modh:

Fill an meireang meilte isteach san uachtar coipthe. Cuir an meascán seo mar líneáil ar bhabhla maróige 2 phionta. Cuir na leathanna silíní glónraithe ina stodaí sa líneáil uachtair agus brúigh isteach go maith iad le go mbeidh siad le feiceáil nuair a iompófar amach an mharóg. Reoigh é go mbíonn sé dlúth. Measc an t-uachtar reoite agus an mionra fuaraithe agus líon lár an bhabhla oighrithe leis an meascán seo. Clúdaigh é agus reoigh é go mbíonn sé ag teastáil. Maisigh le duilleoga cuilinn agus le silíní glónraithe iomlána. Cuir ar bord é ar mhias shnasta ghloine le hanlann seacláide.

Nóta: Milséog dheas Nollag.

Anlann Seacláide:

50g/2 unsa gnáthsheacláide – briste
Daba beag ime
60ml/4 spúnóg bhoird órshúlach (*golden syrup*)

Modh:

Leáigh na comhábhair agus buail go tapa go mbíonn siad mín.

Múnla Reoite Sméar Dubh —————————————

Comhábhair:
300ml/^{1}/$_2$ phionta uachtar coipthe
110g/4 unsa sliogáin bhrúite meireang
300ml/^{1}/$_2$ phionta reoiteog sméar dubh

Modh:
Fill an meireang brúite isteach san uachtar coipthe. Cuir
^{2}/$_3$ de seo mar líneáil ar bhabhla maróige 2 phionta agus
reoigh é go mbíonn sé teann. Líon an lár le reoiteog
bhog sméar dubh agus clúdaigh an barr leis an ^{1}/$_3$ eile
uachtar agus meascán meireang. Clúdaigh é agus cuir
ar ais sa reoiteoir go dtí go mbíonn sé teann arís. Tum
an babhla go tapa in uisce te chun an múnla a bhogadh
agus iompaigh amach ar phláta snasta. Cuir ar bord é le
hanlann sméar dubh.
Nóta: Úsáid reoiteog fanaile agus sútha talún más mian
leat in ionad sméara.

Anlann Sméar Dubh —————————————

Comhábhair:
450g/1 phunt sméara dubha
5-10ml/1-2 taespúnóg gránphlúir
5 ml/1 taespúnóg sú oráiste nó líomóide
60ml/4 taespúnóg siúcra mín

Modh:
Déan purée de na sméara agus criathraigh iad chun na
síolta a bhaint astu. Cuir an purée i sáspan. Déan
cumasc den ghránphlúr leis an sú agus cuir isteach leis
an bpurée é agus cuir siúcra leis. Measc go maith chun
an siúcra a leá agus ansin fág ar suanbhruith é go
mbíonn an t-anlann deas tiubh. Fuaraigh agus cuir ar
bord le reoiteog é.

Múnla Glóthaí le Fíonchaora ─────────

Comhábhair:
2 paicéad de ghlóthach ghlas
1 litear/$1^3/_4$ pionta uisce fiuchta
225g/8 n-unsa fíonchaora dubha
1 mhúnla i bhfoirm fáinne

Modh:
Leáigh an ghlóthach san uisce, dóirt braon beag isteach sa múnla, leath-théacht í agus ansin breac le fíonchaora, fuaraigh arís go mbeidh sí teann agus déan gach sraith mar seo go mbeidh an múnla lán. Fuaraigh go maith go mbeidh an múnla teann, ansin iompaigh amach ar phláta snasta. Líon an lár le fíonchaora clúdaithe le gealacáin uibhe agus siúcra mín.

Fíonchaora maisithe:
Tum na fíonchaora glana, tirime, ar dtús i ngealacán uibhe leathbhuailte agus ansin i siúcra mín agus lig dóibh triomú ar pháipéar pár cistine.

Nóta: Is féidir glóthach a leá i mbeagán uisce fiuchta agus ansin uisce fuar a chur leis don chuid eile.

Bácáil

Bláthach

Ba í an bhláthach an chuid den bhainne a bhíodh fágtha sa chuinneog tar éis an ime agus nuair a bhí mise ag éirí aníos bhí an-mheas agus an-tóir ar bhláthach úr mar dheoch. Óltaí go minic í le prátaí ag am dinnéir. Tar éis trí lá nó mar sin d'éiríodh sí beagán géar agus d'úsáidtí i gcomhair bácála an chuid eile di. Níodh daoine a n-éadan léi le maith a dhéanamh don chraiceann agus chuirtí an gruth tiubh mar mhasc ar an éadan. Ní haon ionadh snua breá a bheith ar chailíní na hÉireann, ach sa lá atá inniu ann is amhlaidh a cheannaítear galúnach bláthaí sa siopa poitigéara.

Tá bláthach níos éasca le díleá ná gnáthbhainne agus tá go leor de chothú an bhainne le fáil ann. Tá an-mheas agam ar bhláthach mar dheoch agus ar ndóigh cuireann sé blas ar leith ar arán baile. Sláinte!

Rollóg Eilvéiseach

Comhábhair:
3 ubh
75g/3 unsa siúcra mín
75g/3 unsa plúr éiritheach, criathraithe
45-60ml/3-4 spúnóg bhoird subh téite

Modh:
Gread na huibheacha agus an siúcra go mbíonn an meascán tiubh agus cúrach agus go bhfanann lorg an ghreadtóra ann. Fill isteach an plúr criathraithe go deas réidh. Doirt an meascán go cúramach isteach i stán rollóg Eilvéiseach a bhfuil líneáil leis, agus claon an stán go mbíonn an meascán cothrom. Bácáil in oigheann

réamhthéite ag 190ºC/ 375ºF/Gás 5 go mbíonn sé deas órga tar éis 15-20 nóiméad. Le linn don spúinse a bheith ag bácáil leag éadach soitheach tais ar an mbord, leag páipéar gréiscdhíonach os a chionn agus croith brat maith siúcra mín air. Iompaigh an spúinse amach air seo, bain de an páipéar líneála agus cóirigh na ciumhaiseanna. Scar subh ar an spúinse agus rolláil suas é le cabhair an pháipéir. Fág rolláilte sa pháipéar é ar thráidire sreang ar feadh tamaillín go bhfanann sé ina mhúnla. Dáil an rollóg ar mhias snasta agus croith siúcra mín ar a bharr.

Gateau

Focal Fraincise é seo ar gach cineál cáca nó císte beag nó mór, maisithe nó a mhalairt, a itear le caife nó tae beag tráthnóna. Ach in Éirinn agus in áiteanna eile sa domhan ciallaíonn sé cáca nó císte nó milseog atá déanta as spúinse, brioscaí nó taosrán, agus a gcuirtear torthaí, glóthach, licéar agus uachtar leis mar mhaisiúchán.

Tá mé ag déanamh spúinse simplí le haghaidh tae beag tráthnóna i gcomhair mo chláir teilifíse, agus as an meascán simplí sin tá mé ag déanamh cineálacha éagsúla cáca nó Gateau, agus tá sean agus óg in ann iad a dhéanamh, tá siad chomh simplí sin. Déan cinnte i gcónaí go mbíonn an t-oigheann socraithe ag an teas ceart agat sula dtosaíonn tú ag bácáil. Bíodh do chuid stán nó tráidirí bácála faoi réir agat freisin, go háirithe i gcomhair spúinse, mar níl sé go maith don mheascán é a choinneáil as an oigheann i bhfad roimh bhácáil.

Gateau Fíonchaor agus Oráiste _____

Comhábhair:
4 ubh
110g/4 unsa siúcra mín
110g/4 unsa plúr éiritheach, criathraithe

Líonadh:
300ml/$1/_2$ phionta uachtar coipthe
45ml/3 spúnóg bhoird *kirsch*
15ml/1 spúnóg bhoird siúcra reoáin – criathraithe
1-2 oráiste – ina theascáin – cinn mandairín
225g/8 n-unsa fíonchaora, gearrtha i dhá leath agus na síolta bainte astu
50g/2 unsa almóinne mionghearrtha, tóstáilte

Modh:
Líneáil stán rollóg Eilvéiseach 9″ x 13″/23 x 33cm le páipéar párach. Gread na huibheacha agus an siúcra go mbíonn an meascán sách tiubh agus cúrach le lorg an ghreadtóra a fhágáil ann agus ansin fill isteach an plúr criathraithe. Doirt an meascán go deas réidh isteach sa stán agus claon an stán go mbíonn na cúinní líonta leis an meascán. Bácáil in oigheann réamhthéite ag 190°C/350°F/Gás 5 ar feadh 15-20 nóiméad nó mar sin go mbíonn sé deas dlúth agus órga. Tóg amach as an oigheann é, fuaraigh ar feadh cúpla nóiméad sa stán é agus iompaigh amach ar thráidire sreang é lena fhuarú ceart. Cuir an *kirsch* agus an siúcra isteach leis an uachtar coipthe. Cuir cuid de seo isteach i máilín cuislithe leis an gcíste a mhaisiú. Gearr an spúinse ar a fhad, ina thrí phíosa chothroma. Déan ceapaire díobh leis an uachtar, leis na teascáin oráiste agus leis na fíonchaora. Clúdaigh an gateau le huachtar agus brúigh

almóinní mionghearrtha isteach sna taobhanna. Maisigh le cuislí uachtair, le teascáin oráiste agus le fíonchaora.

Nóta: Úsáid stán oráistí mandairín – an-deas agus feiliúnach.

Gateau Glónraithe Aibreoige ─────────

Comhábhair:

3 ubh mhóra
1 gealacán uibhe
110g/4 unsa siúcra mín

110g/4 unsa plúr éiritheach
25g/1 unsa im leáite

Líonadh Aibreoige:

1 canna mór leath-aibreoige, taosctha
50g/2 unsa siúcra
1 buíocán uibhe
130g/5 unsa ime
90ml/6 spúnóg bhoird síoróip aibreoige

Maisiú:

50g/2 unsa calóga almóinne – tóstáilte
30ml/2 spúnóg bhoird subh aibreoige – criathraithe agus téite
Cnó pecan nó gallchnónna

Modh:

Gread na huibheacha, an gealacán agus an siúcra go mbíonn an meascán sách tiubh le lorg an ghreadtóra a choinneáil. Fill isteach an plúr criathraithe agus ansin an t-im leáite go cúramach agus roinn an meascán go cothrom idir dhá stán spúinse cruinn 7"/18 cm. Bácáil i lár oighinn réamhthéite ag 175ºC/350ºF/Gás 4 ar feadh 30 nóiméad nó mar sin go mbíonn an meascán deas dlúth agus órga. Fuaraigh ar thráidire sreang.

Líonadh:

Cuir 90ml/6 spúnóg bhoird síoróip aibreoige agus an siúcra i sáspan, leáigh é agus fiuch é go mbíonn síoróip bhreá thiubh agat. Gread an tsíoróip seo go mall os cionn an bhuíocáin uibhe i mbabhla agus lean ar aghaidh á ghreadadh go mbíonn sé fuar. Gread an t-im, ina phíosa is ina phíosa, isteach sa mheascán seo agus gread an meascán go maith tar éis gach píosa ime a chur leis. Coinnigh roinnt leathanna aibreoige le haghaidh barr an chíste agus ansin gearr an chuid eile go mion, fill isteach i $2/_3$ den líonadh é agus cuir idir na cístí é mar a bheadh ceapaire ann. Scar an chuid eile den líonadh ar thaobh an chíste agus cuir isteach na halmóinní. Cuir na leathanna aibreoige mar mhaisiúchán ar bharr an chíste agus an taobh cruinn díobh in uachtar. Cuir spúnóg bhoird sú leis an tsubh théite agus cuir ar bharr an chíste é le spúnóg nó le scuaibín. Maisigh le cnó pecan nó le gallchnónna é.

Nóta: Más mian leat é is féidir leat na huibheacha a dhealú, na gealacáin a ghreadadh astu féin agus iad a fhilleadh isteach sa mheascán i gcomhair an spúinse.

Gateau Cnó Caife

Comhábhair:
150g/6 unsa ime nó margairín
150g/6 unsa siúcra mín
150g/6 unsa plúr éiritheach
3 ubh
15-30ml/1-2 spúnóg bhoird bainne

Reoán Ime Caife
150g/6 unsa ime
450g/1 phunt siúcra reoáin
45-60ml/3-4 spúnóg bhoird caife dubh fuar láidir

Reoán Glónraithe
110g/4 unsa siúcra reoáin
15-30ml/1-2 spúnóg bhoird caife dubh fuar
8-10 gallchnónna nó collchnónna
50g/2 unsa calóga almóinne – tóstáilte beagán

Modh:
Measc an chéad chúig chomhábhar le chéile i meascthóir bia, roinn an meascán i dhá stán spúinse 7″/18 cm agus bácáil in oigheann réamhthéite ag 190ºC/375ºF/Gás 5 ar feadh 25 nóiméad nó mar sin, go mbíonn sé dlúth agus órga. Fuaraigh ar thráidire sreang. Déan reoán ime as na trí chomhábhair, á ngreadadh le chéile go mbíonn siad deas cúrach. Scoilt gach aon chíste nuair a fhuaraíonn siad agus cuir an reoán ime ina cheapaire eatarthu agus coinnigh dóthain le cur ar an mbarr agus ar an taobh. Clúdaigh taobh an chíste le reoán ime agus tum sna calóga almóinne é. Measc an siúcra mín le dóthain caife dubh chun reoán mín caife a dhéanamh agus doirt ar bharr an chíste é. Maisigh an císte le guairneáin den reoán ime agus roinnt cnónna.

Pavlova Oráiste Caife ─────────────

Comhábhair:

3 ghealacán uibhe
185g/7 n-unsa siúcra mín
10ml/2 thaespúnóg caife ar an toirt
5ml/1 taespúnóg gránphlúir
5ml/1 taespúnóg fínéagair
5ml/1 taespúnóg uisce

Líonadh:

3 bhuíocán uibhe
25g/1 unsa siúcra
25g/1 unsa gránphlúir
1 canna (meánmhéid) oráistí mandairín
125ml/4 unsa leachtach uachtar coipthe

Modh:

Gread na gealacáin uibhe, agus pinse salainn orthu, go mbíonn siad deas dlúth, buail isteach $2/3$ den siúcra agus fill isteach an chuid eile. Measc an gránphlúr, an caife ar an toirt, an fínéagar agus an t-uisce agus fill isteach sa mheireang go cúramach é. Déan ciorcal mór den mheireang ar stán a bhfuil páipéar páir mar líneáil air agus bácáil in oigheann réamhthéite ag 150oC/300oF/Gás 2 ar feadh 1 uair an chloig. Beidh an meireang anois briosc ar an taobh amuigh agus bog tais ar an taobh istigh. Cas de an t-oigheann agus fág an meireang istigh ann go bhfuaraíonn an t-oigheann, ach ná hoscail an doras.

Leis an líonadh a dhéanamh: Síothlaigh an sú as na horáistí mandairín agus cuir bainne leis go mbíonn $1/2$ phionta agat. Cuir leis seo an gránphlúr agus an siúcra agus measc go maith. Bruith i sáspan é, agus measc go mbíonn sé deas tiubh. Buail na buíocáin uibhe i mbabhla agus déan cumasc go cúramach díobh féin agus den leacht te. Clúdaigh an meascán agus fág é go mbíonn sé fuar. Sula ndáileann tú é, cuir an pavlova ar mhias ghloine shnasta, fill an chuid is mó de na horáistí mandairín agus den uachtar isteach sa líonadh cócaráilte agus scar ar bharr an phavlova é. Maisigh é le teascáin oráistí mandairín.

Gateau Brioscarán Sútha Talún _____

Comhábhair:
150g/6 unsa plúir (gnáthphlúr)
50g/2 unsa seimilín/rís mheilte/gránphlúr
150g/6 unsa ime/margairín
110g/4 unsa siúcra mín/siúcra reoáin

Líonadh:
450g/1 pt. sútha talún gearrtha ina dhá leath
110g/4 unsa siúcra mín
250ml/8 n-unsa leachtach uachtar coipthe
1 spúnóg bhoird siúcra reoáin le croitheadh ar a bharr

Modh:
Coip an t-im agus an siúcra go mbíonn sé bog agus cuir isteach an plúr criathraithe agus an seimilín/gránphlúr. Úsáid do lámha le hiad a cheangal isteach ina chéile. Déan dhá leath de agus líon isteach i dhá fháinne flan (20cm/8") a bhfuil bun scaoilte fúthu agus gréisc curtha orthu. Cuir go leor poll le forc iontu le nach n-ardóidh siad. Bácáil iad i lár oighinn íseal réamhthéite ag 150ºC/300ºF/Gás 3 ar feadh 30 nóiméad nó mar sin go mbíonn siad tirim agus dath éadrom órga orthu. Gearr ceann de na ciorcail ina ocht dtriantán le linn dó a bheith fós te agus ansin fág an dá chiorcal le fuarú go

mbíonn siad deas dlúth. Coinnigh 8 gcinn de na sútha talún, fill an chuid eile isteach san uachtar milsithe agus scar é ar an gciorcal iomlán brioscaráin ar mhias ghloine shnasta. Leag na triantáin brioscaráin ar sceabha ar a bharr agus maisigh leis na sútha talún. Croith brat éadrom de shiúcra reoáin os a gcionn.

Nóta: An-áisiúil mar mhilseog Shamhraidh nó mar chíste don tae iarnóna.

Anlann Sútha Talún ────────────

Comhábhair:
225g/8 n-unsa sútha talún
75g/3 unsa siúcra reoáin

Modh:
Leachtaigh na torthaí agus an siúcra agus brúigh trí chriathar níolóin. Dáil an t-anlann le brioscaráin, uachtar reoite nó torthaí.

Nótaí: Déantar anlann sútha craobh ar an gcaoi chéanna.

Císte Fáinne Torthaí Saibhre ───────

Comhábhair:

110g/4 unsa silíní, ina dhá leath
110g/4 unsa aibreoga triomaithe mionghearrtha
150g/6 unsa torthaí triomaithe measctha
75g/3 unsa cnónna Brasáileacha scilte (shelled) –
  mionghearrtha
25g/1 unsa figí triomaithe – mionghearrtha
110g/4 unsa plúr caiscín
1.25ml/^{1}/$_4$ taespúnóg cainéil (*cinnamon*)
3 ubh, buailte
30-45ml/2-3 spúnóg bhoird branda
110g/4 unsa craiceann criostalaithe measctha –
  mionghearrtha
110g/4 unsa piorraí nó úllaí triomaithe – mionghearrtha
75g/3 unsa gallchnónna scilte – mionghearrtha
75g/3 unsa almóinní – mionghearrtha
25g/1 unsa dátaí triomaithe – mionghearrtha
1.25ml/^{1}/$_4$ taespúnóg noitmige
1.25ml/^{1}/$_4$ taespúnóg clóibh mheilte
15-30ml/1-2 spúnóg bhoird triacla nó síoróipe

Modh:

Cuir na torthaí go léir i mbabhla. Measc an plúr agus na spíosraí le chéile agus measc leis na torthaí iad. Measc na huibheacha, an triacla agus an branda agus táthaigh an meascán torthaí leis seo. Doirt isteach i stán fáinne gréiscthe 20cm/8″ agus bácáil i lár oigheann réamhthéite ag 160ºC/320ºF/Gás 3 ar feadh 40-50 nóiméad. Fuaraigh ar thráidire sreang, glónraigh le glónra aibreoige agus maisigh le leathanna gallchnónna, silíní glónraithe nó déan fiarán (*zig-zag*) reoán glónraithe ar bharr an chíste agus maisigh le silíní agus cnó.

Nóta: Déanann sé seo císte corónach Nollag don scoth.

Muifíní

Nuair a smaoiním ar an am a chaith mé i Meiriceá agus ar mo thaithí bia agus cócaireachta ansin, ceann de na cuimhní is ansa liom is ea muifíní a ithe den chéad uair. Fós féin níl tada is fearr liom le mo bhricfeasta ag an deireadh seachtaine ná sú oráiste úr, pota tae nó caife agus muifíní úra te. Is éasca iad a dhéanamh agus úr as an oigheann is deise iad. Cosúil lenár scónaí Éireannacha féin ní thógann sé achar ar bith iad a bhácáil agus bíonn siad réidh faoin am a mbíonn an bord leagtha agat. Níl aon teorainn leis na cineálacha éagsúla muifíní atá ann ach ó tharla gurbh iad na muifíní Sméara Gorma (*Blueberry*) mo rogha i Meiriceá tá mé ag réiteach Muifíní Sméara Dubha i mo shraith teilifíse. Tá sméara dubha le fáíl in aisce agus is féidir iad a reo i gcomhair an ama a mbíonn siad as séasúr.

Ba cheart na muifíní a thógáíl as an stán nuair a bhíonn siad cócaráilte nó éiríonn siad trom agus righin. Ba cheart iad a chur ar thráidire sreangán le fuarú beagán agus iad a chur chun boird i gciseán a bhfuil naipcín úr mar líneáil leis, mar aon le im agus do rogha subh nó glóthach.

Nóta: Tá a meascán speisialta féin ag teastáil le Muifíní Sasanacha a dhéanamh. As giosta gan siúcra a bhíodh an bun-taos déanta ach is féidir iad a dhéanamh freisin mar a dhéantar as fuaidreamh (*batter*) trom cosúil le scónaí silte.

Muifíní Bananaí agus Sméar Dubh ———————

Comhábhair:

225g/8 n-unsa plúr éiritheach
110g/4 unsa sméara dubha mionghearrtha
75g/3 unsa siúcra mín
2 bhanana mhóra aibí
1-2 ubh bhuailte
15ml/1 spúnóg bhoird meala
45ml/3 spúnóg bhoird d'ola lus na gréine

Modh:

Brúigh na bananaí i mbabhla agus cuir isteach an ubh bhuailte, an mhil agus an ola. Measc isteach sa leacht seo an plúr, an siúcra agus na sméara dubha. Líon isteach le spúnóg sna stáin ghréiscthe agus bácáil in oigheann réamhthéite ag 180°C/350°F/Gás 4 ar feadh 20 nóiméad nó mar sin, nó go mbíonn siad cócaráilte. Tóg amach as an oigheann agus fág sna stáin ar feadh cúpla nóiméad sula dtógann tú amach iad agus sula n-itheann tú te iad.

Nótaí: Tá siad thar barr mar bhricfeasta mall nó le tae san iarnóin.

Muifíní Seacláide Bran agus Meala ———————

Comhábhair:

175g/7 n-unsa plúr éiritheach
25g/1 unsa bran
25g/1 unsa cócó – criathraithe
110g/4 unsa scolb seacláide
75g/3 unsa siúcra donn
50g/2 unsa rísíní
2 ubh – buailte
150ml/$^1/_4$ pionta bainne nó bláthach
45ml/3 spúnóg bhoird d'ola lus na gréine

Modh:

Measc an plúr, an bran, an cócó, na scoilb seacláide, an siúcra agus na rísíní i mbabhla. Measc na huibheacha, an bainne agus an ola le chéile agus doirt isteach sna comhábhair thirime agus measc an t-iomlán go cúramach. Líon isteach le spúnóg sna stáin muifíní agus bácáil in oigheann réamhthéite ag 180oC/350oF/ Gás 4 ar feadh 20 nóiméad nó mar sin. Tóg amach as an oigheann, fág sna stáin ar feadh cúpla nóiméad agus ansin tóg amach na muifíní agus cuir ag fuarú iad ar thráidire sreang.

Muifíní Min-Chruithneachta le Torthaí

Comhábhair:

225g/8 n-unsa plúr donn éiritheach
25g/1 unsa plúr bán éiritheach
75g/3 unsa siúcra donn nó bán
75g/3 unsa gallchnónna mionghearrtha
110g/4 unsa sabhdánach
5ml/1 taespúnóg spíosra measctha
2 ubh – buailte
45ml/3 spúnóg bhoird d'ola lus na gréine
45ml/3 spúnóg bhoird bainne nó bláthach

Modh:

Measc na comhábhair thirime i mbabhla mór. Measc an ola, na huibheacha agus an bhláthach nó bainne le chéile, doirt isteach sna comhábhair thirime agus measc go maith. Líon isteach le spúnóg sna stáin muifíní gréiscthe agus bácáil in oigheann réamhthéite ag 180oC/350oF/Gás 4 ar feadh 20 nóiméad. Tóg amach as an oigheann agus fág sna stáin ar feadh cúpla nóiméad. Tóg amach as na stáin iad agus fág ag fuarú iad ar thráidire sreang.

Caife Gaelach

Comhábhair:

Uachtar – Chomh saibhir le guth na nGael
Caife – Chomh láidir le lámh charad
Siúcra – Chomh milis le focla rógaire
Fuisce – Chomh mín le héirim na ndaoine.

Modh:

Téigh cuach-ghloine shnasta agus doirt isteach miosúr
fuisce gaelach ann – an t-aon fuisce ar a bhfuil blas mín
iomlán chun an deoch seo a dhéanamh go sásúil. Cuir
leis taespúnóg nó dhó siúcra, ansin líon suas an ghloine
le caife breá te dhá mheascadh go maith chun an siúcra
a mheilt. Anuas ar a bharr doirt go cúramach uachtar
leath-bhuailte go mbeidh sé leibhéal leis an imeall. Ól
an caife thríd an uachtar ag fáil buntáiste an chaife te
thríd an uachtar fuar.

Seanphaidir Ghaelach

Sláinte agus saol agat,
Bean ar do mhian agat,
Talamh gan cíos agat,
Páiste gach bliain agat,
Agus bás in Éirinn.

Torthaí agus Cnónna Clúdaithe le Seacláid

Úsáid do rogha torthaí agus cnónna, mar shampla sútha
talún, fionchaora, píosaí anainn agus cnó cosúil le *pecan*,
brazil agus gallchnó agus tum i seacláid leáite. Cuir ar
pháipéar pár go mbíonn an tseacláid crua. Cuir ar bord
ar mhias dheas le páipéar maisithe tar éis
dinnéir nó tae iarnóna.

Index/Innéacs

English/Gaeilge